# 你的善良，不該被錯的人利用

宋師道 編著

# 前言

「人與人交往的本質就是為了交換利益。」許多人對這樣的說法非常反感，這個道理卻真真實實地存在著。我們的許多朋友是在謀取共同利益的過程中結交，而且需求的利益越接近，關係越發深厚。人際關係充滿了衝突，卻又會在利益的渴求下不斷磨合、修復，從而達到關係的平衡。

其實，能被人利用是好事，無人問津才是真正的悲哀。現實生活中，沒有人願意與缺乏利用價值的人交往。要想贏得別人的好感或器重，首先要建立自己的利用價值。也就是說，你的「被利用」價值，決定了你在別人心目中的位置，決定了別人是否願意與你交往，也決定了他對你伸出援手的意願。就像購買股票一般，每個人都願意購買能帶來龐大利益的績優股。在職場中，要想得到老闆的器重和提拔，就要讓老闆發現你的利用價值；在商場中，要想贏得與他人合作的機會，就要讓別人覺得從你這裡「有利可圖」；在人際交往過程中，要想得到貴人的相助，就要讓對方覺得你是「績優股」。

要想在競爭激烈的社會取得成功，首先要不斷地追求成長和進步，提升自身的「被利用」價值。這是贏得他人青睞，吸引合作機會，為成功建立穩定基礎的基石。

在被利用中發揮自己的價值不代表要當老好人，沒有底線的善良，只會為自己帶來越來越多的工作、越來越多的情感勒索，越來越多的理所當然，讓自己過著痛苦的人生。

本書從嶄新的角度詮釋了提升個人被利用價值的修練功夫。不僅說明「被利用」時應抱持的態度，還提點了在被利用過程中，如何為自己創造及把握成功的機會，以及在「被利用」過程中，如何實現人生目標與個人價值的方針。只要能確實掌握這些技巧與方法，定會讓邁向成功的步伐更加堅實而穩健！

本書內容詳實，文字生動，以貼近現實生活的觀點，深入淺出地提供案例，闡明了「不怕被利用，就怕你沒用」的生活真理，讓你在「被利用」的過程中，逐漸鋪好成功之路，邁向圓滿的人生！

# 目次

## CHAPTER 03 提升自我價值，做個有用的人



## CHAPTER 04 建立自己的「無可取代」性

## CHAPTER 05 主動創造被利用的機會

## CHAPTER 06 讓自己快樂地被人利用



## CHAPTER 07 韜光養晦，在被利用時臥薪嚐膽

## CHAPTER 08 鍛鍊讀心術，避免被欺騙

## CHAPTER 09 贏得上司信任是關鍵



## CHAPTER 10 在被利用的過程中，堅守自我

## CHAPTER 12 用心經營屬於自己的成功

CHAPTER 01

# 人際關係的本質是「相互利用」

# 沒有付出，哪來回報？

人際交往的本質是什麼？在著名社會心理學家霍曼斯看來，「人際交往在本質上是一種社會交換的過程。」也就是說，人際交往是拿自己的價值與他人交換，是一種互惠互利的行為。

這裡的「價值」，可以是物質、情感，或者是其他。在複雜多變的交際圈中，想要成為倍受關注的一員，想讓別人停留更多目光在你身上，那就要讓自己擁有足夠的實力和足夠的價值。互惠互利是人際交往的共同出發點和目標。試想一下，在精英匯聚的舞臺上，有誰願意與一個一無是處的人交往呢？所以，要想贏得更多人的青睞，就必須更加努力，逐步累積實力，還要不斷加強個人修養，提升自信心，從生活和工作中的小細節做起，時刻準備為自己增值！

人與人相處，就得將心比心、以心換心。身為主管，如果想要下屬忠心，你就應該展現誠意。你表現得真誠，下屬才會忠誠；你關心員工，員工才會關心你和公司；你厚待員工，員工才會更努力地付出。反過來說，身為下屬，如果想要獲得主管的賞識，你必須勤勤懇懇地工作。你業績突出，主管才會認同你、欣賞你；你創造的價值大，主管才會提高你的薪水，給你更大的發展空間。

前陣子，我在網路上看到一則關於激勵員工的文章，文章中的情況似乎很常在保險公司看到。

趙剛是公司的總經理，近來由於員工們在工作時總是各行其是，無法同心協力，為公司營運上帶來了不小的影響。雖然已採取了一些措施，卻沒有什麼幫助。

這一天，他對好友訴苦：「這些員工太自私了，從沒嘗試著用合作的方法去解決問題，滿腦子只想著領更多薪水。如果他們肯合作的話，我們公司的營業額會高很多，你說我該怎麼辦？」

朋友微微一笑，說：「我到你公司看看吧。」

他進入公司之後，發現這間公司的員工的確像趙剛說的，不願意合作，對主管的安排也多有埋怨，工作氣氛很沉重。

他問道：「不合作對他們有什麼好處嗎？」

趙剛搖搖頭，表示對這個問題，他也不清楚。

朋友進入趙剛的辦公室後，看到在辦公室的牆上，掛著一塊簾布，後面是一張大大的圖表，上面有一批並排在跑道起點上的賽馬，每一匹馬的臉上都貼著員工的頭像，而跑道的終點是美麗的米蘭。

原來，每個星期一，趙剛會把員工們聚集在這裡開會，聽他發表如下演說：「我們要努力合作，公司的整體業績提升，我們才會賺得更多！」他拉開簾布，「看見了嗎？業績排名前十的員工，就可以獲得去米蘭旅行的機會！」

後來在朋友的建議下，趙剛不再把員工的頭像放在跑道的起點，而是放在終點——美麗的米蘭上。當他再度對員工強調合作的重要性時，他改為：「等到公司的業績大幅提升時，我希望我們可以一起去米蘭旅行，共度美好時光。」

在這樣的調整下，員工們一改往日的作風，不斷將自己融入團隊，當公司的業績不斷提升的同時，每個成員的收入自然同步提高。當然，總經理趙剛也兌現了他的承諾，在一次長假中，率領員工們一同飛向米蘭。

從這則網路故事中，可以看到趙剛原本想藉由提高員工競爭來提高業績，雖然有一定的激勵作用，不過能去米蘭的名額有限，又太吸引人，當大家都打心眼裡想去的時候，自然便只顧著提高自己的業績，哪還管別人，甚至希望別人的業績越差越好。而這位朋友的出發點是讓大家都有機會，把員工個人利益與公司整體利益緊密聯繫，讓員工之間從獨立的狀態進入相互依存的關係，使得他們變得傾向於透過合作來解決問題。當大家業績都能提高的時候，公司的利潤提升也就在掌握之中了。

當我們積極投資的時候，不要執著於在短時間內獲得回報。現實生活中，只問付出，不問回報的人只占少數，大多數人在沒有得到期望中的回報時，就會覺得自己吃虧。其實，吃虧並不可怕，它一方面可以顯得自己大度、豪爽，有自我犧牲的精神，樂於助人等等，還能進一步提高自己的精神境界，並增強自信心；另一方面，天下沒有白吃的虧。我們交往的對象大多數是普通人，在人際交往中都遵循著相類似的原則。我們所給予對方的，會形成儲存恩惠的機制，不會完全消失。而這一切都會以某種意想不到的方式回報給我們。

在人際交往的過程中，沒有無緣無故的付出，也沒有無緣無故的回報，人與人之間的相處如果沒有做到互惠互利的話，就不可能建立和諧融洽的人際關係。雙方如果能了解彼此之間有著共同的利益，便會積極主動地聯繫關係，為維護各自的利益而努力。

如果一個人的成功，意味著另一個人的失敗，這肯定不是他們交往的初衷，還會讓彼此之間的距離漸行漸遠。玩蹺蹺板時，只要一端往下壓，另一端就可以抬起來；當另一端用力往下一壓時，又可以讓這一端升起來。只要雙方都有誠意，就可以一同體會著升起時的快樂。如果有任一端自私地不肯往下壓時，就會讓遊戲早早結束。

# 人際交往也是「紅燈停，綠燈行」

人際交往的過程之中，什麼最重要？是交情嗎？要知道，交情是建立在彼此之間利益基礎上，如果他人無法從你這裡獲得預想的價值，他與你的交往，就是徒勞無功。

在網路時代之前，人們的生活圈很難擴大，在辦事的過程中，講究的是「打虎親兄弟，上陣父子兵」，人際網絡大多止於親戚、朋友這些熟人的層面。到了競爭激烈、資訊傳遞快速的現代社會，人際交往已遠遠超過了這個狹隘的範圍，如果還指望憑藉傳統意義上的交情搞好人際關係，是不夠的。在最關鍵、你最需要他們的時候，那些所謂的交情往往就不存在了，畢竟只有自己認可的交情不算交情，還需要對方的認可。

王晨是一名熱心的保險業務員，她恭敬待人，對每一位客戶竭盡心力，極力地表現出對客戶的關心，不了解情況的還以為她與客戶是很要好的朋友。

一次，一位客戶發生車禍，需要住院動手術，便請王晨協助申請理賠金。她卻以「申請理賠的處理時間很快」為由，沒有及時幫客戶辦理。幾個月後，當這位客戶再次打電話給她時，她乾脆不接電話，不再理會這件事。

其實這樣的情況並不少見。像王晨這種不顧客戶利益的行為，只會破壞他的職業形象。無論你平時再怎麼笑容可掬、平易近人，如果連份內的工作都做不好，甚至影響到別人的利益，交情再好也發揮不了任何作用。

當你能把工作做好的時候，才表示你有被利用的價值。不要以為「被利用」是別人對你的一種嘲笑，它證明了你是一個對別人有用的人。職場間的人際交往，必然以互惠、互助、互利為基礎。如果一個人在工作上能夠表現出色，即使他現在算不上出類拔萃，別人也會對他的工作態度和潛力留下印象。這樣的人，才能與人保持長期合作的關係。

小洋大學畢業之後，從事高端產品銷售的工作，由於缺乏經驗，他的銷售業績很差。

小洋向往日的大學同學求助，這些老同學確實與他交情很好，但畢竟大家都是剛剛步入社會，除了為小洋打氣之外，都顯得有心無力。

小洋仔細思考著在銷售過程中所出現的一些問題，做了一個大膽的決定：學打高爾夫球。因為他發現，像那樣的高端產品，顧客應該是中高檔生活階層的人，而自己平日裡接觸的都是一些普通的薪水階層，根本消費不起。因此，他必須改變自己的生活圈。為此。他不惜花費，報名參加匯聚了大量成功人士的高爾夫俱樂部。

小洋的改變是正確的，在學習的過程中，他結識了不少成功人士，與他們保持著良好的關係，很快的，他的銷售業績也日漸好轉。就在這時，他發現一個令他頗感意外的現象：別人開始主動來找他了！

因為這些人發現，小洋和高爾夫球場上的大老闆多有來往，希望透過他這個中間人來結識這些老闆。從此以後，小洋在人際往來的過程中更是如魚得水，銷售業績也自然不落人後。後來他便在短時間內被提升為銷售經理。

可見，想在工作中體現出自身的能力，人際交往是相當重要的。但在人際交往過程中，看重的還是能力與價值。如果你什麼都不會，只想依靠平時積攢的交情得到鐵飯碗，是不切實際的，因為沒人會無償地為你的無作為買單。

因此，要想在人際交往中被人利用，我們就必須具備別人需要的價值，簡單來說，就是做事的能力。這樣，雙方才願意進行某種利益的交換，並保持長期的聯繫。也就是說，我們有能力、有被利用的價值時，別人就會給我們亮綠燈，順利放行；當我們能力不夠、沒有利用價值的時候，他們就會給我們亮紅燈，就算是有交情也無濟於事。只要是能力無法達到對方的要求，紅燈將會永遠為你亮著。

## 別被「被利用」三字嚇到

如果有人很正經地告訴你，你已經或正在被別人利用的時候，不用為此感到生氣或擔憂，換個角度一想，這其實讓你知道一個重要資訊：你有著被別人需要的價值，你的能力和實力可以得到他人的認可。這時你，一定要果斷出擊，也許這正是一個能讓你成就大事的機會，而這樣的機會並不多。機會只提供給有準備的人，錯過了再難回頭。

人的一生，被人利用是不可避免的，這並不可怕。你對被利用的看法如何並不重要，重要的是，在被人利用的時候，要時刻把提升自我價值放在首位。

西元前一八八年，漢惠帝死，呂后臨朝聽政。為了能夠鞏固自己的政權，她提出呂姓的兄弟子侄為王，在形式上，她還是先詢問大臣們的意見。右丞相王陵以白馬盟約為由堅決反對，而陳平則是刻意找出理由支持。陳平的表態讓呂后十分滿意。

退朝後，王陵對陳平的順從十分不滿，他並不知道陳平的真正想法。其實陳平「除呂保劉」的決心比王陵還強烈，但他的眼光比較長遠。

呂后罷免了王陵，將他貶為老百姓，封陳平為右丞相。之後不斷地封諸呂為侯、為王，陳平唯命是從。他知道，想要一舉剷除呂氏，首先還是要保全自己。

西元前一八〇年，呂后病死，此時衝突已達到了水火不容的地步。陳平先是設計讓呂祿交出兵權，再讓周勃掌控保衛皇宮的軍隊。當呂產還在按照原定計畫發動政變時，還沒弄明白怎麼回事就被殺了。他一死，呂氏就失去了兵權，很快便土崩瓦解了。

文帝即位，陳平又被封為丞相，深受到皇帝的器重。至於當年的王陵，則是閉門不出，再也沒有得到提升的機會。

陳平的智慧體現於他敢於被利用，還能在其中成就自己。王陵雖說忠心可鑑日月，卻少了陳平的智慧與變通。

時代在發展，我們的處世觀點也應跟得上步伐，不能以一成不變的觀點衡量自己、衡量別人。否則將會陷入尷尬的處境，還常會因此而失去難得的機遇。如果覺得被人利用就失去了做人的骨氣，那只會使你的價值慢慢消失，也使自己被利用的機會越來越少。

每個人都像是工具，想成就大事，取決於被什麼樣的人利用，被利用過多少次。成功的核心並不是你擁有多少，而是被開發並利用的有多少。那僅有的能力被使用了多少次，決定了實際價值。只有被更多的人利用，才能說明你的價值被更多的人認同；而沒有被人認同，也就只有孤芳自賞的份了。

每個人都是平等的，所謂「被利用」似乎成了為別人達到成功的工具與武器，幫助別人成功就可能意味著自己不會成功，甚至是可悲的失敗。至於利用別人以求達到自己成功的人，最終會在內心譴責自己，因為在大家看來，他的成功是藉由壓榨別人而達成的。

其實，人的價值恰恰就體現在被利用的過程中，「窮則變，變則通」，在這個機遇與挑戰並存的時代，適應變化才能及時抓住機會，才能使自己立於不敗之地。只有那些頑固不化的人才會害怕被利用，成功者總能在被利用的過程中尋找成功的機會。阿基米德說：「給我一個支點，我就可以撐起地球」，在擁有條件的時候，一定要珍惜，你也可以改變自己，也有可能讓世界因你而改變。

對成功者而言，社會是公平的，它意味著個人價值不斷提升；對失敗者而言，社會是殘酷的，它意味著自己可能被淘汰。因此，暫時的失敗者更是要抓住被利用的機會，讓自己重新邁入成功者的行列。

如果你被人利用了，說明你面前擺著一個成就大事的機會，只要你換個角度、換個思考模式看待問題，你將會距離成功更近。

# 被利用是好事

有時，你在與人交往的時候，覺得對方不是誠心相待，總是有被算計的感覺，所以你老是滿臉的不情願。你有沒有想過，每個人都在追求更佳境界，他們只是希望你能夠創造更大的價值。

我們都是為了實現自己的價值而生存，如果沒有人願意利用我們，我們將永遠也找不到自己的存在價值，勇氣與自信也將會逐漸消滅。

有一種動物叫綠蝦，牠生活在扁魚的嘴裡，這聽起來是一件不可思議的事，不過，更不可思議的是，扁魚從來不會把綠蝦當成食物吞進肚裡。因為綠蝦會以自己身體的晃動來吸引其他小魚成為扁魚的食物。所以綠蝦成了扁魚生活中不可缺少的一部分。

扁魚很清楚，它不僅不能吃掉綠蝦，還得好好地保護綠蝦，所以一到夜晚，它就把綠蝦含在嘴裡，讓綠蝦安心地在裡面留宿。只是綠蝦一旦老了，或是不能再為扁魚引誘食物了，扁魚便會把它趕走，再換另一條年輕的、有用的綠蝦。

這就是相互利用，也是自然界中稀鬆平常的事，無論是動物還是植物，都有這種相互依存、共生的關係。

小程在深圳一家化妝品公司工作，由於表現出色，因而從普通的美容顧問提升為化妝品銷售主管，不過，她還不算是正式員工。在這樣的大公司中，正式員工與非正式員工的福利和薪酬相差懸殊。好在她的主管對她的表現很滿意，已經承諾她，下次一定可以轉為正職。

就在小程覺得充滿希望的時候，主管被調到上海分公司任職。小程心想：「一切要重新來過了。」就在她有點灰心的時候，即將調任的主管忽然找到小程，她懇切地與小程提到上海發展的各種前景和規劃，雖然一切要重新做起，但是機會卻絕不比深圳差。她們從前就合作愉快，主管還一再強調，非常欣賞小程的工作能力，只要她願意一起過去，將為她爭取轉為正式的職位，並且承諾加薪。

小程想，這樣的機會太難得了，沒有多加考慮，她果斷地答應了。

然而，來到上海工作已有三個月，這位主管不但對加薪的事隻字未提，也沒有說到正職的事。小程於是主動詢問，得到的答覆是「正職名額早就滿了」。

後來，小程漸漸發現，原來主管帶她一同來上海，不過是把他當墊腳石，利用她的業績和人脈，為自己在上海站穩腳跟而已。而自己卻因此放棄了深圳熟悉的工作環境，放棄了已經打下的業務根基，只為了主管口中許諾的美好前程，結果卻一無所獲。小程好失望，她覺得自己被主管徹頭徹尾地利用了。

被人利用的時候，務必謹記，我們可以被利用，但也要同時利用對方！小程如果可以放寬心，不要過於在意升遷，憑著她的能力，成為一名正式員工只是早晚的事。

我們的價值正是在工作中得以體現的，是公司成就了你，而不是你成就了公司。當我們忙碌於工作的時候，說明老闆相信我們有完成工作的能力，願意將重任交給我們。其實，利用與被利用都不重要，重要的是自己還有被利用的價值，自己有去利用的頭腦。當你沒有任何價值的時候，恐怕想被利用都是一件難事。當我們沒有力圖發展的心情時，即使是有升遷的資源，也會失之交臂。

從古至今，被人利用從而達到成功的人不勝枚舉。話又說回來，誰能保證自己不被人利用呢？為他人做事，就說明他自己不做，利用你來做，這等利用又何妨，只權當是幫忙好了。只是別人的承諾，永遠是以他們個人利益為出發點，我們應該為自己做好規劃，因為只有自己會真正地對自己負責。

總之，一句話，人活在這個世上，就是為了實現自我價值而生存。若不被人利用，就永遠也找不到自己的存在價值。只有在被人利用的過程當中，學會審時、學會度勢、學會交友，才能學會生存之道，否則的話，就會被社會淘汰出局。既然如此，何不笑著面對利用你的人呢？

# 面對現實，認識自己

人的一生，就是一個不斷認識自己、逐步實現目標的過程，一個連自己的能力都不了解的人，等於失去了方向，不僅什麼事也做不成，更別提取得一定的成就。我們是否有被人利用的價值，價值有多大，決定權不在自己身上，而是在他人。我們需要在被人利用的舞臺上展示能力，進而取得別人的認可。所以我們必須客觀地看待「被利用」的處境，發揮個人優勢，並執著持續地努力。

知人者智，自知者明。當我們正處於一帆風順的狀態時，認識自己並取得一定的成功相對容易；當我們面臨諸多困難的時候，心態會產生很大的變化，這時就更需要肯定自己、鼓勵自己，才能幫助自己走出困境，真正認識到自己的不足與優勢。

一個在別人眼中沒有利用價值的人，沒有人願意和他交往，也沒有人願意提供他被利用的機會。有價值的人自然能成為別人眼中的寵兒，我們要想認清自己，了解自己的能力，就應該設法為自己創造「被人利用」的機會，如果能力達到了一定的程度，也可以創造機會去利用別人。

小申是一家軟體公司的程式設計師，為工作而煩惱的他，尋求了就業諮詢師協助。

當諮詢師詢問他的工作狀況時，他一臉沮喪地說：「我雖然已經做了四年的程式設計師，卻總是覺得自己不適合在這個領域裡。公司有些同事真算得上是技術高手，看著他們為一些代碼絞盡腦汁，有時候真讓我覺得好笑，可自己偏偏又是在做這感覺好笑的工作，感覺自己這些年來一點長進都沒有。」

「當程式設計師之前，你做過什麼工作呢？」

「招生代理。」

「工作表現怎麼樣？」

「這份工作做的時間並不長，但感覺做得挺好的，至少知道事情應該如何去做，而且表現也不比別人差。」

「為什麼後來不做了呢？」

「招生難啊，人家學校都辦不下去了，只好另找工作，而且我在大學學的就是電腦專業，所以選擇了軟體業。」

「你能說出擔任程式設計師的這幾年，你最有成就感的幾件事，或是在工作過程中讓你感到高興的事嗎？」

小申想了想：「最感到高興的，莫過於及時完成任務了。」

「那好，在你看來，你適合做什麼樣的工作呢？」

「我想要的工作應該是能夠多與人打交道，待遇也要好。」

「銷售是一種很需要與人打交道的工作，你能證明自己這方面的能力嗎？你對銷售如何理解？」

「在做招生代理的那段時間，我認識了幾個朋友，現在一直保持聯繫，朋友也都喜歡與我聊天，和他們相比，我的表達能力算是不錯的。這些特點都讓我覺得自己適合做銷售。」

「那你覺得自己適合銷售哪方面的產品？你們公司肯定也有銷售部門，你有沒有主動結交銷售部門的同事？」

「銷售哪一種類型的產品沒想過，反正都是與人打交道，說服他們買自己的產品。公司的銷售人員沒有認識的，分工不同，平時沒什麼機會見面。」

其實，小申只是把自己與那種最不善於與人打交道的人比較。他自己在這方面並沒有過人的優勢。很多人之所以尋求諮詢師的意見，只是想從他們那裡找到一些自信。

在接下來的五個月裡，小申在一家房地產仲介公司擔任銷售員，可是在這幾個月裡，他並沒有出色的成績。後來，他還是找了一份程式師的工作。當被問到他的感覺時，他說：

「在那五個月的時間裡，我很懷念程式師的工作，現在想想，感覺並沒有以前想的那麼糟，做起來輕鬆多了。」

不夠了解自己的人，會被自己表現出的一些假象迷惑，無法確定自己能在什麼領域有作為。我們要正確認識自己，才不至於迷茫，才能有所成就。

認識自己是一個必須不斷修正道路的過程，每個人都有著雄厚的潛力等待發掘，也許剛開始並沒有意識到自己擁有某些能力，隨著持續的了解，才會發現真正的自己。當我們在職場上，有時會覺得自己的某種能力正在被剝奪，拚死拚活地都是在為他人創造財富，覺得一場空。仔細想來，其實我們也在這個被利用過程中實現著自己的價值。對於這一點，我們必須有明確的認知。不然的話，就很容易產生負面情緒，無法提升自己的能力。

認識自己就是要認清自己的不足與優勢，每個人都有缺點。只要是有缺點、會犯錯，就可能會招致取笑、批評或指責，這是每個人成長過程中必經的道路，沒人能夠逃避，也沒有必要反駁，甚至挑釁。正是這些取笑、批評或指責，我們才能更直觀、更快速地發現自己的不足，然後朝向「更好的自己」邁進。

# 每個人都是一座金礦

當我們看著別人走上紅地毯、獲得榮譽、接受眾人掌聲的時候，心裡無不豔羨與崇拜，只是很少有人會去想像：是不是有一天我也能像這樣站在臺上。很多時候，我們習慣於當普通的觀眾，一個只需觀看、不用思考的觀眾，很少人敢走到臺上，賣力賭上一把。

我們很平凡，並不表示我們會永遠平凡。我們是有價值的，誰的價值大，誰的價值小都不能一口斷定。如果在對等的條件下，你能被人利用而別人沒有，從某個層面說來，你就是個利用價值比較大的人。如果我們都是一座金礦，我們的目標就是要把裡面的金子源源不斷地開發出來，不斷提升自己的價值。

在一場大型的演講中，一位著名的演說家上台後，手裡高舉著一張二十美元的鈔票。面對會議室裡的三百多人，他問：「誰要這二時美元？」一隻手舉了起來。

他接著說：「我打算把這二十美元送給你們之中的一位，但在這之前，請准許我做一件事。」他將鈔票揉成一團，然後問：「誰還要？」仍有人舉起手來。

他又說：「那麼，假如我這樣做又會怎麼樣呢？」他把鈔票扔到地上，又踏上一隻腳，並且用腳板壓輾它。

然後他拾起鈔票，這時鈔票已變得又髒又皺。「現在誰還要？」還是有人舉起手來。

「朋友們，你們已經上了一堂很有意義的課。無論我如何對待那張鈔票，你們還是想要它，因為它並沒貶值，它依舊值二十美元。人生路上，我們會無數次被自己的決定或逆境擊倒、欺凌，甚至覺得自己似乎一文不值。但無論發生什麼，或將要發生什麼，你們永遠不會喪失價值。無論骯髒或潔淨，衣著是否整齊，你們依然是無價之寶。」

不論現在的我們多麼平凡或普通，我們每個人都是有價值的。當然，每一個人的價值都不能用簡單的資料衡量，人人都有與眾不同的價值，都應得到重視。不論現在的我們多麼平凡，只要能夠好好發揮自己的價值，都能做出一番成就。

如果能在被利用的同時提升自己，爭取最好的表現，我們將會走得更平穩、更長遠。機會出現的時候，就要好好利用；沒有機會的時候，就要主動地去尋找，在不斷的學習中昇華自己。人不會一直被利用，我們內心也有著能夠利用別人的渴望，只要時機到了，條件成熟了，一定能實現目標。

當然，「被利用」的過程往往是漫長的，很多人視為一種折磨，這樣想的人，只能歸於平庸。但也有千千萬萬的人在相互利用中取得成功，實現自我價值，這是一種大智慧。如果生活總是一成不變，清澈的小河流也會變成絕望的死水；追求超越自己、懂得追求人生價值最大化的人，才會使生活充滿熱情，小河流也會朝向大海，擁有波瀾壯闊的一生。

# 屬於自己的淘金術

一個深埋地下的金礦，很難體現出它的價值，與深埋在地底下的石頭沒什麼兩樣。不過，當它被人發現並持續開採的時候，它就是一個寶藏。

當我們只是一塊石頭的時候，要努力地把自己打造成人才。我們要讓人看到自己這個金礦，更要吸引人為我們淘出有價值的東西。當然，我們自己也要學會淘金，既要當金礦，也當成功的淘金者。

在競爭激烈的現代社會，我們不怕被利用，反而怕沒人來利用。想要讓自己發揮最大的才能，創造最高的價值，就需要不斷發掘。有時候，我們忽略了自己某方面的價值，卻在被別人利用的時候發現，原來自己還擁有這樣的價值。

「金無足赤，人無完人。」擅長寫作的作家未必能侃侃而談，一個偉大的發明家未必知識淵博。錢鍾書是學貫中西的大學者，但一看數學就束手無策；柯南・道爾的小說世界聞名，但他作為醫生並不出名……每個人都有屬於自己的天賦，只要在能夠了解自己的前提下，耐心地接受別人的利用，終會有一天可以取得成功。

一個貧困潦倒的年輕人，流浪到巴黎，他拜訪父親的好友，希望能獲得一個謀生的差事。

這位長輩問他會做些什麼，有什麼特長。

年輕人無奈地低下頭，自卑地說：「我什麼也不會。」

長輩想了想，說：「那你先把地址留下，等找到了合適的差事，我再聯繫你。」

年輕人羞愧地寫下住址。當他轉身離去的時候，卻被長輩叫了回來：「年輕人，你怎麼說你什麼也不會呢？你看你的字寫得多好啊！」

「這也能算是特長嗎？」年輕人疑惑地問。

「當然，字體能反映出一個人的文化修養和內涵。小夥子，人要有自信心，找工作之前，要先了解自己的特長，還要把它發揮到極致。」長輩意味深長地說。

聽了這些話，年輕人狠狠地點了點頭。從此，他找到了被人利用的平台——在一所學校教法文，度過了最艱難的時光。也正是在這裡，他發現到自己在文學方面的天賦和特長，並妥善發揮了這個特長。這個人就是法國十八世紀著名作家大仲馬。

很多人終其一生也不知道自己有什麼特長，更不用說找到被利用的機會。看看歷史上的傑出人物，他們哪一個不是利用自己的特長尋找被利用的機會，最後走向成功？我們每個人都是金礦，都要學會為自己淘金，把自己的能力一步步挖掘出來，讓自己的的利用價值發揮到最大。大仲馬正是發現到自己的特長，並善加利用，最終才發掘出自身的價值，成為享譽世界的大文豪。

CHAPTER 02

# 人氣的基礎仍是個人價值

# 沒實力，別奢望有人與你結交

有時候，我們會聽到朋友這樣抱怨：「某人真不夠意思，上次遇到個問題請他幫個忙都不成，虧我以前跟他還那麼要好。」

為什麼他得不到別人的幫助呢？究其原因，是因為他的自身實力不夠，可被別人利用的價值太低。人們基於趨利避害，比較樂意幫助對自己較有好處的人。一味指望著別人提供幫助，一定會有失望的時候。

張正是一名房仲業金牌銷售員，一年的成交金額可達上億元，相當於一間房仲分店全年的成交金額。在他的辦公室裡，擺滿了獎狀及獎盃。他成功的祕訣，在於他善於提升自己的實力，以換取自己的被利用價值。

在工作之餘，他努力吸收銷售房產的相關知識，將自己的「可利用價值」提升到最高。凡是找他買房的人，都能夠享受專業的稅務、房屋裝潢等資訊。客戶有任何需求，他都會耐心地提供最新專業服務。

有一位客戶幾乎把他當成房產諮詢顧問，卻從來沒找他買過房子，他也不以為意，因為他認為自己遲早會有機會。

他就是以這樣的態度對待每一位客戶，連續三年取得公司年度的頂尖銷售獎。

在生活和工作中，我們也應該像張正一樣，努力挖掘自身的可利用價值，不怕被利用。很多時候，我們的價值必須在被利用之下，才能發出更耀眼的光芒。

要讓自己成為人人眼中的關鍵人物，方法只有一個，那就是不斷地提升自己的可利用價值以及實力。

在變動頻繁的環境中，雖然也有一些不勞而獲的案例，我們仍應明瞭，人際交往終究是靠實力說話。有些人把牛皮吹得很大，但在實際面對專業問題時，就露出了馬腳。有實力的人完成一件事，就為自己多開創了一個舞臺，也得到一份與人交往的誠信。

所以，我們要不斷地為自己發掘能夠被人利用的價值，不要害怕被人利用，我們應擔心的是，自己的價值還能被人利用多久，我們的實力在與人競爭時，有多少勝算。

# 沒自信，別指望能提升個人價值

成功學大師拿破崙・希爾說：「成功的外表總能吸引人們的注意力，尤其是『成功者的力量』，更能吸引人們的讚許。」所謂「成功者的力量」，就是人們散發的獨特自信氣質，能使別人的目光不由自主地停留在你身上。很多時候，我們告誡自己要謙虛謹慎，不要鋒芒太露，時間一長，反而使自己像是「過度自卑後的自大」。

一個推銷產品的新手，在缺乏自信的時候，可能會用下面幾種開場白談話：

「不好意思，我知道您很忙，如果您能給我五分鐘時間，我將不勝感激。」

「我今天是特意來問候您的，祝您事業順利，萬事如意。如果您現在不方便，我可以等一會兒……」

「打擾了，請問我可以開始說明了嗎？」

這樣的談話了無生趣，也會顯得畏首畏尾，對方也越發覺得自己高高在上。

一個自信的人，他會這樣說：

「很高興能有與您直接談話的機會。因此，我想充分地利用這個機會，談談我們產品的優點，如果您有什麼疑問的話，請隨時提出問題。」

「我今天專程來向您介紹這項新產品的優點。」

就這樣，你從被動就變為主動，既能讓對方了解商品；也能製造機會，讓對方主動提出疑問。這種自信的力量，能讓對方對你產生好奇，交流的時候也就愉快多了。

當然，對雙方而言，真正的價值是那種長遠的、能持續發展的合作關係，這樣才能實現「雙贏」。成功者從內而外散發的自信，正是開創雙贏局面的保證。

當然，這種從骨子裡流露出的自信，並不是手到擒來。它就像俠客的內功修為，需要經過長期沉澱。當你從內心深處認定自己能觸及成功的時候，你的價值便能順利地展現出來。

李萍是一個應屆畢業生，在人才招募會上，她看好一份發展前景很好的工作。她認真地完成自己的簡歷並寄出。幾天後，她去公司參加面試，到了那裡，她才發現，只有兩個名額的崗位，卻來了近百人參加面試。面臨的壓力可想而知，不過她相信自己的實力，而且她知道，每個來面試的人壓力都跟她一樣大。

面試官問：「妳能做好這份工作嗎？」

李萍十分堅定地回答：「我可以！」

說完，她又有些不好意思，接著說：「我說『我可以』，是完全沒有根據的。我並非故意要說謊，而是在任何一個面試的時候，我一直都是說『我可以』。」

面試管輕輕一笑，說：「我了解這一點。但是從妳身上，我看到了熱情和某種耀眼的光彩。至於實力，以後在工作上慢慢積累就是了。」

就這樣，李萍通過了面試，找到了滿意的工作。

面試官所說的「某種耀眼的光彩」，正是從李萍身上散發出的自信，它迸發出一股讓人難以抗拒的力量，使李萍在眾多求職者中脫穎而出。

有的人本來信心滿滿，卻太容易受到外在因素影響，別人的一句話，一個動作、一個眼神就可能讓他們亂了方寸，這就不能算是一個真正有自信的人，也很難成為一個有作為的人。

小范剛開始在工廠生產線實習的時候，跟隨一名老師傅在車床上學習加工零件，在老師傅眼裡，他是一個很有頭腦的小夥子，學得也很好，「學得真快」、「做得好」是他對小范最常說的話。

很快的，小范開始獨立加工一些零件了，而且沒有做出過不合格的產品。

一次，生產線主管見他獨自在加工零件，就走過來對他說：「你自己行嗎？師傅不在不要瞎做，萬一做出次級品怎麼辦？」臉上顯露出責備的神情。

結果小范當天一整天都憂心忡忡，生怕做出不合格的產品。最後也真的做出了幾件不合格的產品。他很失望，覺得自己並沒有師傅說的那麼好，也沒有自己想像的那麼聰明。

本來小范可以快速掌握全部的技術，然後成為一名優秀的師傅，但他失敗了，只因車間主任的那一句話。這就是因為缺乏自信。

不管遇到什麼困難，我們都要有著積極樂觀的心態和蔑視一切困難的勇氣。積極樂觀的心態能夠讓你戰勝恐懼。很多時候，失敗的原因往往不是能力不足，而是缺乏信心，還沒有上場，在士氣上就先輸了幾分。在許多成功者身上，我們都可以看到超凡的自信心發揮的作用。這些事業取得成功的人，在自信心的驅動下，敢於對自己提出更高的要求，並在失敗的時候看到希望，最終獲得成功。

所以，想要取得成就，我們一定要自信，那不是自吹自擂或自戀，而是一種積極的心態。充滿自信的人，似乎總是在強大的氣場當中。而這個氣場，正是一種能促使別人渴望與你交流的力量，在無形中提升著我們的價值。

# 小細節，暗藏提升個人價值的大智慧

有的人，認為成功的關鍵主要體現於對大局的掌握，但他沒能想到的是，很多時候，正是那小小的細節會為他造成龐大的損失。人與人之間的交往，總離不開各式各樣的小細節。如果你是一個不注重小細節的人，你的價值便容易大打折扣。

某大型公司急徵一名前台接待，有二十多名剛畢業的學生前來應徵。

面試當天，他們被安排在同一個會議室裡。天氣很熱，工作人員便給他們逐一倒水。前面的幾位應徵者中，沒有一位主動上前幫忙端水，只是看著工作人員忙碌奔波。

當工作人員把水遞給一名應徵者時，這名應徵者竟說：「天氣實在太熱了，你們有冷飲嗎？綠茶或可樂都可以。」

工作人員回答：「對不起，沒有這些飲料。」

周娟坐在這名應徵者的旁邊，看得出來，工作人員有些不高興。當工作人員把水端到她跟前時，她站起身來，對工作人員說：「謝謝你，這麼熱的天，還來給我們送水，辛苦了。」

工作人員看了周娟一眼，並沒有做出特別的反應，但周娟還是感覺得出些許不同。面試官進來了，他並沒有一個一個地面試，而是與這些應徵者閒聊了起來。這些應徵者哪裡知道這其實正是在面試他們。聊著聊著，他們不禁放鬆了警惕，有的蹺起了二郎腿，有的人甚至拿出手機玩起遊戲……只有周娟一直在認真地聽面試官講話，還不時禮貌性地微微點頭表示贊同。

當面試官告訴應徵者面試結束時，很多人還一頭霧水。最終，被錄取的自然是周娟。

很多時候，一個被忽視的小細節就有可能決定一個人能否成功。在上面的故事中，周娟表現出了良好的個人修養。這種修養本身即是一種優勢，讓她能夠在面試中取得成功。有的人之所以會在各種場合經常碰壁，甚至吃力不討好，主要就是受到了一些小細節的影響。因此，我們在與人交往時，應該注意以下幾個方面：

1.在與人交談的過程中，言談舉止要得體。如果你給別人的第一印象是舉止輕浮、滿口粗話、自視甚高，恐怕別人都會對你避而遠之。

2.不要在背後討論別人的是非。在談話的過程中，如果你說話總是不經過大腦，隨意批評他人的缺點，就會讓人感覺你是個長舌婦，漸漸不喜歡跟你交談，因為誰知道你有沒有在背後講過他的壞話呢？

3.做事要講技巧，懂得取與捨。有時候，取與捨都能做好一件事情，但給人的感覺卻大不一樣，對自己有利的東西，人們總是希望多得到一些。

4.不要花言巧語，讓人摸不清真假。人們總是希望雙方是真誠的，這樣才能得到更多的信賴。

5.不要過分炫耀自己。好漢不提當年勇，不要把自己對他人的昔日恩情掛在嘴上，特別是有外人在場時。不然的話，對方本來心存的感激之情，會因你記舊帳的行為，而煙消雲散。

6.要有時間觀念，與人約會的時候要準時，不要拖拖拉拉，當你姍姍來遲的時候，已是人走茶涼。每個人的時間都有限，都是非常寶貴的。

7.學會發現別人的細微變化，這是關心別人的一種體現，同樣也能建立自己的好感度。

有一位非常受顧客歡迎的銷售員，她經手賣出的商品總是比其他售貨員多得多。為什麼會這樣呢？原來她特別注重交際細節。例如，顧客要買一公斤左右的糖果，她總是先抓不到一公斤的分量，然後慢慢地往裡添，直至足秤為止。不像其他的店員，是先抓超過分量的東西，再「殘酷」地一點一點地往外拿……顯然，往裡加的動作總是能讓人感到愉快。又例如，當顧客幫忙她拿商品時，她一定會說「謝謝」。因為幫她拿商品，對顧客來說本來就不是非做不可的事，但是做了就等於是一種付出，因此，及時表達謝意是有必要的。她不像其他的店員，總是把別人的幫助視為理所當然。因此，她獲得了極大成功，不但獎金多，而且還獲得了整間店的「模範銷售員」稱號。

只要我們仔細留意，像這樣的小細節很多。我們在做任何事之前，都應考慮到別人的感受。如果自己的行為、言語讓人覺得不舒服，就會暴露出自己的缺點。在生活和工作中，如果能在這些小細節上多留心，便能讓別人覺得你是一個知書達禮、知情識趣的人，因而得到更多的青睞。

# 有潛力，才能更有未來

一個人的價值關係著在人際交往中的影響力，當你對他人而言是一個有用之人的時候，自然會受到青睞。一個心存遠大志向、渴望取得成功的人，會不斷自我要求，開發自己的潛力，以便建立屬於的天空。當他人看到你價值的提升，便會樂於與你交往。著名的大飯店總裁羅伯・胡亞特的經歷就是一個很好的例子。

胡亞特本來只是一個導遊，在他母親的安排下，進入了旅館業。對於這份不是自己想要的工作，胡亞特一點興趣也沒有，每天渾渾噩噩，自然不會有好的業績。他很想離開，卻被母親堅決地留了下來，最終還是回到了飯店業的訓練班。結果，在畢業考核中，他取得了第一名優異成績，並成績進入巴黎的柯麗瓏飯店工作。

開始的時候，胡亞特只是一名服務生。由於前來飯店度假的人士來自不同的國家，必須精通不同的語言才能在工作時應對自如。於是，胡亞特利用工作閒暇的時間，開始自學英語。三年後，柯麗瓏大飯店要派遣幾個人到英國實習，胡亞特被選中了。當他從英國回來之後，就由服務員提拔為領班。

一九三〇年代，受到經濟不景氣的影響，觀光的人數急劇下降，飯店的收益受到極大的影響。胡亞特找到飯店過去遊客的資料，想方設法設計出一些特殊的信函，分別寄給他們，吸引顧客前來觀光。就這樣，飯店平穩地渡過了最為艱難的時刻，胡亞特也被提升為經理。

在別人的眼中，此時的他也許算得上是功成名就了，但他卻不這麼認為。他請假自費到了美國，想了解那裡的飯店業。他來到華爾道夫大飯店，說自己想要一個實習的機會，並要求從基層做起。結果，他成為一名擦地的清潔工。

有一天，華爾道夫飯店的總裁柏墨爾前來視察，看到一個身影在擦地板。仔細一看，原來是胡亞特，一個讓他留下過深刻印象的年輕人，他大感意外。

「你不就是法國的胡亞特先生麼？」柏墨爾上前問道。

「是的。」胡亞特挺直身子說。

「你是柯麗瓏大飯店的經理，怎麼成了我們這裡的清潔人員了？」

「我想親自體驗美國大飯店的地板有什麼不一樣的地方。」

「你以前也擦過地板？」

「是的，在過去，我擦過英國的、德國的、法國飯店的地板，但是沒擦過美國的，所以我想嘗試一下擦美國飯店的地板是什麼樣的感覺。」

柏墨爾認真地注視著胡亞特，眼裡閃過一道亮光，說：「胡亞特先生，你給我們上了一堂課。下班後請務必到我的辦公室來。」

就這樣，胡亞特開始了他在美國的觀光飯店事業，最終成為洲際大飯店的總裁，旗下有六十多家觀光大飯店，在世界四十多個國家都有業務。

胡亞特的故事告訴我們：想把自己打造成一支被看好的潛力股，充分挖掘自身的潛能，離不開務實的態度和持續努力。

有的人天賦異稟，如果他不努力，仍然無法取得成功，有的人雖然資質平平，但只要透過堅持不懈的學習，厚積而薄發，最終仍會被賦予成功者的光環，胡亞特正是這類人物中的佼佼者。他努力學習英語、招攬遊客、親自擦地板等，在開發自身潛力、釋放能量的時候，也讓別人對他另眼相看。

機會只留給時時刻刻做好準備的人，在這個變動快速的社會中，只有有潛力的人，才能不斷提升自己的利用價值，拓展自己的發展空間。一杯水，放在太陽底下，時間一長，就會被蒸發掉，留下的只是一個空杯子，而這個杯子也會因燙手而沒人願意碰。如果說我們的潛力像杯子裡面的水，我們就要設法讓這杯水永遠不要蒸發，並增加杯子裡的水量。

# 會打扮，能贏得更多的好感

俗話說，「人靠衣裝，佛靠金裝」。在交際場合，沒人喜歡外表邋遢、不修邊幅的人。兩個初次見面的人，首先會根據對方的衣著打扮做一個大致的評價，這就是第一印象。第一印象的好壞關係到他人對你的好感。當別人覺得你不錯的時候，會渴望與你深入交流；一旦給別人的第一印象是不好的話，便很容易對你產生本能的抗拒心理。

形象本身也是一種資源，是我們的名片。我們要重視個人形象的打造，亞里斯多德的故事就是一個例子。

有一天，亞里斯多德去參加一個宴會，他穿了一件普通的衣服出席，主人不知道他是誰，反應十分冷淡。

於是，亞里斯多德馬上出去，另外換了一件闊氣的皮大衣，重新回到宴會上。主人的態度馬上發生了變化，變得十分殷勤，在場的客人也紛紛走過來向亞里斯多德敬酒。

看到這樣的情況，亞里斯多德脫下了自己的皮大衣，拎著大衣說：「喝酒吧，親愛的大衣兄弟。」

許多人都奇怪地看著他，亞里斯多德說：「你們不了解，我的大衣兄弟可是十分清楚，所有的禮節都是衝著他來的，它才是今天的客人。」

以貌取人的觀念的確不可取，只是在實際交往中，我們常常傾向於長相好的人，而且形象好的人往往較容易受到歡迎。

每天早晨，當你走出家門的時候，你是否留意過自己是否忘記擦鞋子，襯衫扣子有沒有扣好，鬍鬚有沒有刮乾淨，頭髮是否整齊等。這些都會影響到你帶給別人的第一印象。

在人際交往中，打扮自己也是一門有用的學問，關係到你看起來更像哪種人：有的人覺得打扮不僅浪費時間，還浪費金錢。其實，雖然看似在花錢，實則是在為自己省錢。一個推銷員，會因為得體的打扮提高自己的銷售業績。行銷專家也都一致認為，推銷員整齊、乾淨的外表是引起顧客購買欲的先決條件。

在美國，有一項調查表明：百分之七十五的顧客都對推銷員的不良外表表示反感。而這種反感態度直接決定了他們是否會購買他的產品。國內一家汽車銷售公司的市場調查也發現：穿戴整齊的銷售員比那些穿得不整齊的銷售員在業績上要好得多。

當然了，不僅僅是推銷員，無論是從事哪一行，只要在社交場合，都要保持清潔、有品味的著裝，才能從聚焦客戶或者是潛在客戶的注意力。得體的打扮，能讓你看起來精神氣爽。因此，要想成為交際圈的達人，不妨多花點時間來打點自己的著裝，這是對自己應有的、也是絕對值得的投資。

有位成功的企業家曾這樣說：「我去餐廳用餐時，如果沒有穿西服，就會先在餐廳門前觀望一會兒。只要有客戶在裡面，我就會馬上離開！」可見他對自己形象的重視程度。

當我們的能力與競爭者不相上下的時候，形象自然成了另一個重要的得分點，雖然所占的影響力不會很大，卻往往發揮重要作用。當別人能肯定你的能力，卻因你衣著不得體而不欣賞你時，可別抱怨別人以貌取人、不識真佛。

「先敬羅衣後敬人」，我們自己不也常用這樣的眼光看待別人？因此，當我們怨天尤人、自覺是好馬卻沒能遇到真正伯樂的時候，不妨從這些最簡單的小事做起，出門前，把自己打理得整整齊齊、乾乾淨淨，讓自己顯得精神煥發、神采奕奕。把這樣的精神面貌展示給別人，一定會有更多的收穫。

每個人都希望成功能夠早一點到來，樹立良好的形象就是一個好方法。在成功之前，我們要學會樹立成功者的形象，因為這樣的形象能夠吸引成功到來。

# 好行為，讓別人對你刮目相看

行為舉止也是人際交往中體現個人價值的重要名片，它是反映個人修養的一面鏡子。在被人利用的時候，外表給人的第一印象很重要，得體的行為舉止也同樣重要。外表再美，舉止不當也會讓人感到不自在。那麼，我們在與人交往的過程中，該如何展現出優雅、得體的行為舉止呢？

## 1.在坐立行走之間體現修養。

站有站相，坐有坐相。當我們在站立的時候，要頭正，頸直，兩眼平視，肩平、挺胸收腹，上體自然挺正；兩臂自然下垂，兩腿挺直，使身體從整體上形成優美挺拔、精神飽滿的體態。

當我們在走路的時候，要抬頭，挺胸，兩眼平視，腳步輕而穩，步度和步位適度。

坐著的時候，上身要挺直，稍向前傾，膝關節平正，兩臂貼身自然下垂，雙手隨意放在兩腿上。兩腳間的距離與肩寬大致相等，兩腳自然著地。在一些正式的社交場合，即便背後有靠背，也不要向後傾靠，因為這樣會使人顯得懶散。

同時，在坐的時候，女性的雙腿應該併攏，而男性則要將膝蓋張開約一個拳頭的距離，大張著兩條腿，會顯得很不禮貌。

此外，在坐的時候，盡量不要翹二郎腿和抖腳，這樣不僅顯示你不懂禮貌、沒有修養，還會顯示出你缺乏誠意、態度不嚴肅。

當然，在達成這些坐立走行為標準的同時，一定還要顯得輕鬆自如、落落大方，這樣才能盡顯我們的高雅與優美。

## 2.在揮手致意、握手的過程中體現修養。

握手可以體現出一個人的情感和意向，展現一個人的真誠或虛偽。手部動作是身體語言中最為重要的一點，在與人交談前一定要知曉其中的禮儀規矩，避免給別人留下不好的印象。

著名的禮儀專家黃納新說：「錯誤的手部動作，會讓對方造成誤解，影響你與對方的進一步交往。比如你向對方說明一份文件，絕大多數的人都習慣以手背向上的姿勢來指引對方，但是這並不是一個好的手勢，因為這樣做只會讓對方在潛意識中認為你對他有所隱瞞。所以，用手掌朝上的手勢對對方做出引導才是正確的。而如果向對方指小的東西或細微之處，就用食指指出，且亦手掌朝上較好。」

除此之外，在為人指路時，手心要朝上，手臂伸開，並且要說：「請這邊走。」如果是指遠處，就說：「在那一邊。」

與對方見面後，如果是與對方隔桌相對，雙手一定要保持正確得當的位置和姿勢。標準的姿態是：將手輕輕置於面前的桌上，或交疊放於膝上，除了必要的手勢之外，其他任何小動作都是不應該有的。例如，撥弄眼前的茶杯、鑰匙、打火機等物品，用手摸脖子、鼻子、頭髮、下巴等等，這樣做顯得你對對方心不在焉，還會讓對方覺得你不夠重視他，不利於你們進行下一步的交流。

在坐下之前，切忌用手指拍打座位上不存在的灰塵，這樣的動作會顯得沒有教養，有時候還會讓對方產生反感的情緒，甚至惱火。

## 3.在言語中體現修養。

語言是內心世界的表現，一個人的教養和為人在交談中會自然流露出來。因此，掌握交談中的一些基本規則和技巧，是社交場合中拉近彼此間距離的良方。

我們在說話的時候，一是要委婉含蓄，表達巧妙。例如在外交場合中，會以「遺憾」代替「不滿」、以「無可奉告」作為「拒絕回答」的婉詞；在社交場合，會以「去洗手間」代替「廁所在哪兒」，都是委婉含蓄的表達方式。二要善於傾聽，給別人以說話的機會。這樣才能在聽取別人談話的同時，獲得對方的好感。三要坦率誠懇，但不過分客氣。四要詼諧幽默，避開矛盾的鋒芒。幽默風趣的話語不僅令人愉快，還能化解因各種原因引起的緊張情緒和尷尬氣氛。五要言語得當，不合適的話題不要說。

吳慧是某著名房地產公司的副總裁。一天，她接待了來訪的建築材料公司銷售主管韋經理。當韋經理在祕書的指引下進了吳慧的辦公室時，他滿臉笑容，先伸出手來，讓吳慧握了握。吳慧客氣地對他說：「很高興你來為我們公司介紹這些產品。這樣吧，讓我看一看這些材料，我再和你聯繫。」就這樣，韋經理被吳慧送出了辦公室。

在接下來的幾天內，韋經理多次打電話，但得到的都是祕書的回答：「吳總不在。」

在一次討論形象的課程上，吳慧把這件事拿出來說了一番：「上回接待的那位韋經理，很沒有紳士風度，要知道，他是一個男人，論職位比我低很多，怎麼能像個王子一樣伸手出來讓我握？而且，他的手沒有傳遞出一絲的熱情。當我握他的手時，他沒有一點反映，像是接受我的膜拜一樣。就在這短短的幾秒時間裡，他給我留下了一個非常不好的印象。他沒有讓我感受到被尊重，我會想他並不重視那次會面。他作為一個公司的銷售經理，沒有一點的禮儀知識，很明顯的，他不是那種接受過嚴格培訓的人。一個公司，聘用這樣的人當銷售經理，那公司的管理人員也不會比他高明到哪去。像我們這樣的大企業，怎麼敢信任他們、與他們建立合作關係呢？」

握手是陌生人之間第一次的身體接觸，雖然只有區區幾秒鐘的時間。但這短短的時間卻是如此的關鍵，能夠立刻決定別人對你的喜歡程度。握手的方式、用力的大小等，都能在無形中向對方描述你的性格、可信程度、心理狀態。握手的方式表現了你對別人的態度是熱情還是冷淡，積極還是消極，是尊重別人、誠懇相待，還是居高臨下，敷衍了事。一個積極的、有力度的正確握手方式，表達了你友好的態度和可信度，也表現了你對別人的重視和尊重。一個無力的、漫不經心的、錯誤的握手方式，會讓你立刻陷入困境，無法用語言去彌補，它在對方的心裡留下了對你非常不利的第一印象，就像上面的那位銷售經理一樣，失去的將會是極好的商業機會。

總之，行為舉止是我們與外界聯繫的必要方式。除了做到以上標準外，平時還要加強個人修養，這樣才能讓自己有更多的吸引力，不斷提升自己的人氣，為自己加分，提升自己的價值，讓他人從我們身上看到更多的可利用價值，為我們自己的成功之路創造更多的機會。

## 交際的世界「看漲不看跌」

在你的周圍，肯定會這樣一些朋友。他們職務比你高，薪水比你好，人緣也比你好，聚會的時候，有更多的人與他熱情地打招呼、交流……每每想到這些的時候，你只能是羨慕、嫉妒。你會覺得，為什麼有的人總是處處得寵，他們的人生是那樣的色彩斑斕；而有的人，似乎永遠被災難籠罩，人生一片黑暗。

其實，也許並不是你的能力不如他們，要知道，為了能讓自己的發展更好，我們都在為把自己打造成潛力股而努力。股票有漲有跌，在人際交往的過程中，我們也有被看好和不被看好的時候。這種被看好的時候正是我們處於「看漲」的階段時。此時，一旦有了機會，就一定要抓住。為了在事業上有所突破，在這個時候要做出正確的抉擇。

楊霞只有二十六歲，本來是一間小公司的公關專員，現在卻是某著名電子公司的公關經理。當被問及她的升遷經歷時，她也覺得不可思議，因為並不是她主動找到該公司，而是公司總經理找到她的。

原來，現在的老總是她過去的一個客戶，他看到過楊霞在面對問題時的反應，對她那成熟穩重、大方得體的處事能力很是讚賞。由於楊霞在工作的時候，經常會與不同的媒體接觸，他還特意徵詢過幾位媒體記者的看法，也得到他們一致的認可。這位總經理下定決心後，便把楊霞挖過來。

楊霞的升遷，看似讓人摸不著頭腦，其實也還是她平日表現出色、主動經營的結果。在一個大家都看好她的階段，她抓住了一個機會，成功地實現了個人事業上的突破。再想想我們周圍那些成功的朋友，他們不都是這樣的嗎？

那麼，我們該如何判斷自己的人氣是在「漲」還是在「跌」呢？可以參考以下幾個指標：

1. 工作是時候，有沒有覺得自己的能力提升了很多，以前看來難以完成的事已經變得輕而易舉。
2. 有沒有更多的人邀請你參加各種「交流會」，有更多的「圈子」請你加盟。
3. 有沒有收到更多的工作邀請，而且待遇更好。
4. 在過去，有些人你想見卻見不到，現在是不是可以跟他們輕鬆地交談？

如果你沒能達到上述要求，就說明你還不算是處於「看漲期」，這時的你，最好不要貿然地選擇跳槽，而是將精力花在本職工作上，提高自己的價值。

如果你達到了上述要求，說明實現個人事業突破的時機到了。這個時候，你可以選擇公司內部的升職評選，甚至主動地向上級表明，你有能力擔任更高的職務，並把工作做好；當然，你也可以選擇跳槽，尋找更好的工作機會。

在一個專門加工鋰電池原料的工廠裡，擁有多名員四百工，周傑只是其中很普通的一員。經過一年多的努力，周傑成為一個管理十多個人的組長。

周傑發現，與公司合作的對象，除了一些國內企業外，日韓企業佔有很大一部分，有時候，他們也會派人到工廠裡考察。周傑有了自己的想法，他先是參加了日語補習班，工作之餘努力地學習日語。一年多下來，已能用日語與人交流。但他並不滿足，繼續報了韓語學習班。在這段時間裡，因工作出色，他又被提拔為車間副主任。

一次，日本和韓國兩個大型企業的考察團突然到同時工廠考察，如果他們滿意的話，公司必將接到一個新的訂單。由於到訪時間倉促，公司未能及時做好安排，翻譯人員更是沒能到位。就在這時，周傑主動承擔起了翻譯的重任，用兩種外語詳細地向考察團介紹了公司的情況。公司主管和同事們見了這個狀況，都非常意外。

接下來的時間裡，周傑依舊努力的工作和學習，憑藉出色的成績，他又當上了主任。由於交際圈子擴大，很多公司也頻頻向他發出邀請，但周傑並沒有盲目地行動，他仔細評估了自身的實力，認為還沒到行動的時候。作為一支潛力股，還需要要繼續提升自己的實力。他照樣努力地工作，積極參加公司舉辦的各種活動，希望結交更多有價值的朋友。

最後，更好的機會終於來了，由於公司規模的擴大，在外地又建了一個分公司，周傑順利地當上了分公司的一把手，也實現了他在職業生涯中的一次大躍進。

走向成功的道路是一個階梯式的進步過程，而不是緩坡式的過程。在工作中，我們只有兩種選擇：不是選擇跳上去，就是停留在原有的位置上。對此，公司會有三種選擇：不是讓你跳上去，就是讓你停留在原來的位置，再不然就是要你走人。如果你連份內工作都做不好，卻還盲目地追求更好的職務和待遇的話，你將會面對許多不必要的麻煩，甚至被降職、被辭退。因此請務必把握自己能力勝任、且處於「看漲期」的時候，努力往上跳，跳上更好的舞臺。

CHAPTER 03

# 提升自我價值，做個有用的人

# 讓老闆欣賞，也是一種本事

老闆喜歡對自己有好處的人，一個最簡單的道理，他們在招聘新員工的時候，偏好有工作經驗的的人。應徵有經驗的應徵者一上任便可投入工作，甚至能獨當一面。不僅節約成本，還能維持效益。

老闆永遠需要得力的下屬。要想成為在職場中有用的人，就要把自己的價值提供給老闆充分利用，才會有更好的前景。當我們的利用價值越大，就越能受到老闆欣賞，才越有可能成為老闆心中的好下屬。我們的目標，是要成為老闆的左右手。

一旦實現了這個目標，就能得到許多意想不到的好處。為此，我們可以從以下兩個方面著手：

首先，要懂得提升老闆。美國鋼鐵公司前董事長艾德•史皮爾說過：「只有下屬才能提升老闆，老闆所要做的就是認識這點。」

做下屬的更要對這句話有所認識。當我們以完美的方式完成工作時，便成就了老闆，也在老闆面前展現了自身的能力。我們該做的，就是繼續努力，保持和老闆之間相互依存的關係，用行動讓他知道：「我將會成為一個可以承擔更多責任、創造更多價值的好下屬。」

小唐跟隨陳總工作多年，在創業期間，兩人共同經歷了很多困難，經過多年的努力，吳總的公司終於走出了困境，並開始盈利。

一直以來，吳總都把小陳當做手下的得力大將，一些小缺失能忍就忍了，不過最近有件事讓他對小唐大為失望，多年來的情分還差點因此決裂。

事情是這樣的：某網站的記者到公司採訪陳總的成功經驗，需要先向員工做進行初步了解，公司便安排小唐接受採訪。興奮過度的小唐，不假思索地把過去和陳總創業過程中的祕辛通通洩漏給記者，還刻意誇大自己在公司中的地位和功勞，說「吳總要是沒有他唐某人的支持，不說不能成功，想成功恐怕得延後個幾年。」這篇報導發表後，吳總臉色鐵青。他長時間以來，對小唐不知分寸的不滿終於爆發，於是暗中找了個藉口將小唐的職位和待遇都降了。小唐認為吳總過河拆橋，兩人的關係從此一落千丈。沒多久，小唐便氣憤地離開了吳總的公司。

找工作的時候，一定要找適合自己的工作。合適的工作並不是指簡單的工作，是指符合自己能力，且能幫助自我提升的工作。從老闆的角度看，簡單的工作誰都能做好，並不能顯示出一個人有多高的能力，如果要讓為容易完成的工作打分的話，他是不會打出高分的。

福特汽車公司前總裁寶南•皮特森說過：「在我們公司的工程部門，凡是負責棘手工作的人，在發佈一項新產品時，都會提到他們的名字。當你必須簽收一項工作時，那是非常真實的。那些永遠把工作做得很好，卻老是停留在『進行』中的人比起來，他不但測試了車子，加以改進，還寫好了測試說明書。」

「那種永遠停留在『進行中』的人，即使曾經做好過一件非常完美的工作，但他們的表現還是不同於那些能一口氣完成設計手　車、方向盤裝置及底盤設計等工作的人。你一定會注意一個願意扛下責任，並且說出：『這是我負責的工作』的人。」

其次，在與老闆建立良好關係的時候，還有關鍵的一步：為自己建立好名聲。

當別人在討論某件事情的時候，要正確認清自己的立場，千萬不要發表任何偏頗的意見，要清楚地把自己的想法區分開來。所以，在發表意見之前，一定要加上一句開場白：「我的看法是……」千萬不要以「現在聽我說……」這種強硬的口氣說話。

最後，我們還要在工作上對老闆完全坦白，不要讓他認為我們有欺瞞他的行為。如果有一天你也當上老闆，也會希望你的下屬對你坦白。黎朔機電公司的董事長包波克說：「如果我發現公司經理向我所做的報告有任何不坦白的地方，他將得不到分文獎金。因為，他不該用那套『推銷作風』來敷衍我。」

如果你能為老闆帶來財富，就能成為老闆眼中的紅人。但是千萬切記，不要以功臣自居，肆無忌憚，這樣會引起老闆的反感。

一個為老闆帶來財富，展現出被利用價值的人，理所當然會受到青睞。沒人會毫無條件地永遠給我們好處，尤其是處在這個追求效益的社會。除非我們能持續讓當個有利用價值的人，為人帶來好處。否則，一旦被發現你沒有用處時，將會毫不猶豫地拋棄。這件事看起來有點殘酷，但就是現實，也是必然。

# 無法滿足現狀，才能走得更高更遠

當我們因取得一點點成就而洋洋自得的時候，當我們還在相信「知足常樂」的時候……我們的競爭對手已超越了我們。很多時候，我們本來可以有更好的發展，上升到一個新的高度，卻因為滿足現狀而停滯了腳步。

失去追求目標的人是可悲的，這樣的人，能夠被利用的價值將會越來越少，也會逐漸從人群裡淡出。

真正有用的人懂得不斷提升自身價值。當我們不斷提高自己的可被利用的價值後，被他人利用的可能性才會越大，與成功的距離也會越來越近。

陳華有一個大學同學，畢業後去了北京，找了一份很好的工作，生活得很不錯。

有一次，陳華到北京出差，順便去看了他。到了吃晚飯的時候，朋友帶著他走向一個五星級酒店用餐。說實話，陳華並不缺錢，但還沒到可以隨便去這樣的星級酒店用餐的份。他對朋友說：「咱們都是老同學，就別去那麼貴的地方了，隨便找個地方吃就算了，以前在大學不都這樣嗎？」

朋友知道他的心思，說：「我並不是打腫臉充胖子，到這裡用餐對你我都會有好處。」

陳華不解地問：「這話怎麼講？」

朋友回答說：「只有到這種地方來，我們才知道自己的錢少，才知道什麼是有錢人去的地方，我們才會更努力地改變目前的狀況。如果總去小吃店的話，永遠也不會有這種想法。我相信只要努力，總有一天，我們也會成為這種飯店的常客。」

朋友的話刺激了陳華，一段時間以來，自己不正是因滿足於現狀而被深深地困住了嗎？

在這個世界上，有很多人因為太容易滿足而一輩子一事無成。做著一份簡單的工作，拿著能維持基本生活的薪水，每天重複做著相同的事情。其實，他們的能力還沒能得到有效的發揮，更別提挖掘出更大潛力了。

人生道路，是崎嶇漫長的，一路上佈滿荊棘，只有不斷前進，才能不畏艱難，勇往直前。如果沒有進取心就難有美滿的生活，也不會有豐碩的果實。天下沒有不勞而獲的事，唯有積極進取，熬過難關，持之以恆地不斷奮鬥，才會有出人頭地的一天。

汪洋是個剛入社會的九十後，由於沒有一技之長，總是找不到滿意的工作。他先是在一家餐館當服務員，由於食宿都不用花費，一年下來，他也能攢到一些錢。

春節過後，他請假回了老家，在落後的家鄉，他得到的是長久未曾體會到的稱讚，鄰居都覺得他很有出息，但他並不以為然，見過世面的他知道外面世界的繁華。

其實，長期以來，汪洋有一個想法。他每次逛街的時候，都發現美髮店總是最繁忙的，那些美髮師似乎沒有停歇的時候。他的心裡也萌生了要成為美髮師的想法。正好，當時有一個大型美髮沙龍招募學徒，他毅然地辭去了餐館的工作，當上了一名學徒，希望有一天也能像那些美髮師一樣，拿著剪刀給別人塑造形象。

然而，事情的發展並不像他想像的那樣，學徒只能算是個打雜的，有時候就是個門童，站在門口給客人開門，說一聲「歡迎光臨」和「慢走」。

他發現不能把時間浪費在那裡，便辭去了工作，拿著不多的積蓄，參加了一個美髮師培訓班，每天拼命地學習。在一次全國性的比賽中，他獲得了創意設計的一等獎，名氣也在與日俱增，成為一名高級美髮師。

從那裡學成後，汪洋有了一家屬於自己的美髮店，但他的目標並不止於此，他還在為擴大規模，擁有更多的分店而拼搏。

只有永不滿足的人，才會取得更多的成就，我們要堅信自己還有更多的進步空間，不能止步於當前。

擁有不滿於現狀的欲望，才可以充分挖掘自己的潛能，實現人生的價值，充分享受人生的甘美。俗話說：「一個人的心胸有多大，舞臺就有多大。」進取心是成功的起點，也是最重要的心理資源。目光高遠，時刻想著提高和進步，不被眼前一點財富所迷惑，是成功者最重要的心態。

有些人以為，進取心是天生的，無法透過後天的努力增進。事實上，即使是最偉大的雄心壯志，它也會受到傷害。例如拖延的毛病、避重就輕的習慣，都會使一個人的雄心嚴重削弱。

我們應常常提醒自己「努力向前」，如果拒絕這種來自內心的召喚，我們就應該讓自己清醒一下了。如果我們真的還是不肯悔改，這種聲音就會越來越微弱，直到消失。

平凡的人之所以不能取得大成就，就是因為太容易滿足而不思進取。當他們「比上不足，比下有餘」的時候，他們更喜歡與在「下」的部分相比，而對在「上」的那部分視而不見。至於追求成功的人，則會把眼光放得更高更遠，不斷朝著在「上」的那些人追趕。

# 給自己正確的定位

每個人都希望自己的未來不是夢，但是你應該清楚地認識到，不是每個夢想都能成功，只有符合自己特質的夢想才能成功。你應該清楚地認識自己的優勢，認清自己的優勢是實現夢想的根本條件。在清楚優勢之虞，更應看到劣勢，有時候小小的一點失誤就可能使你的夢無法實現，所以認清劣勢也是很重要的，只有兩者相結合，給自己正確定位，才能真正邁向成功。

當你踏入社會，在為尋找工作而四處奔走的時候；當你在面試時自我感覺良好，卻經常不能被錄用的時候；當你在工作中竭盡全力，卻無法把工作做好，也無法處理好與他人關係的時候……你可曾認真地想過：自己該找一份什麼樣的工作？自己的能力適合什麼樣的工作？

常言道「人貴有自知之明」，要想成為一個值得被他人利用的人，首先就要對自己有一個全新的、正確的認識，給自己一個合適的定位。有的人往往在還沒有正確衡量清楚自己的能力之前，就希望獲得他人的掌聲和讚美，結果卻總是自以為是，不能與他人保持良好的關係。

有一種信念會深刻地影響我們的生活、工作及一切，那就是對自己的認識。當我們能夠正確地認識自己、給自己一個合適的定位之後，我們的所有努力便會朝著那個方向前進。

一位乞丐整日在地鐵出口處賣鉛筆，每天都有熙熙攘攘的人流從他面前走過，很少有人注意到他。

一天，一位商人匆匆而過，他向乞丐杯子裡投入幾枚硬幣後又匆匆而去。沒過多久，這位商人又回來了，拿了一支鉛筆，對乞丐說：「不好意思，剛才忘了拿鉛筆，畢竟你我都是商人。」說完後又匆匆離去。

幾年後，這位商人參加一次高級酒會，一位衣冠楚楚的人士向他致謝，但商人不知道他是誰。

在對方告知的情況下，才明白原來他就是當初那個賣鉛筆的乞丐。他說：「你知道嗎？我的成功完全是因為當初你說的『你我都是商人』這句話。因為在這之前，我一直只把自己當一個等待別人施捨的乞丐。」

這個乞丐的成功源於他打破了對自己固有認識的局限，對自己形成了一個嶄新的、樂觀的認識。在聽到「你我都是商人」這句話後，他重新審視了自己。以前在別人的眼中，他是個乞丐，在他自己的眼中，也覺得自己是個乞丐。但是到了後來，即使在別人的眼中他是個乞丐，可在他自己看來，他是一個商人，而且總有一天也會取得成功。

要想獲得成功，實現人生價值，成為他人願意利用的人，就應該先確立自己是個優勝者的意識。同時，他還必須時時刻刻像一個成功者般思考、行動，並培養成功者的博大胸襟，如此一來，他總有一天會發展成功。

正確、積極的自我定位對一個人的成長有著極其重要的影響。如果我們每個人都能正確地認清自己，並做一些必要的調整，人生將會變得更加有意義，也會減少許多不必要的煩惱和痛苦。

當然，這需要一定的時間和過程。人總是歷經不斷的嘗試，才能發現什麼是最適合自己的，這就需要時間，也許一年，也許三、五年，就算我們現在過的不盡如意，只要我們還在為心中定位的那個目標而努力，就能擁有一個美好的未來。

每個人的定位與目標都不一樣。我們應考量自身能力和知識、經驗，同時顧及外界因素，才能確立最適合自己發展的目標。很多人因為不切實際，根本沒有考慮憑自己的條件是否可能實現，遇到挫折的時候就怨天尤人，讓夢想成了幻想。因此，只有考量現實後立定的目標才有可能實現，才會成為前進的動力。如果你對自己的目標感到麻木、不可信、猶猶豫豫，那麼你是沒有辦法採取堅定的行動來實現你的目標的。

# 你的看家本領是什麼？

自然界有一種補償原則，當你在某一方面處於絕對的優勢時，肯定有另一方面處於絕對的劣勢；當你有某方面的缺點時，可能會在另一個方面擁有優點。例如，一個眼睛不大好的人，他的聽力或嗅覺會特別的靈敏，這就是他的本領。

本領是特別擅長做某件事的能力。在這個競爭日益激烈的社會，沒有幾項看家本領的人，很難有被人利用的價值。想要被人利用，或是穩定地生存下去，我們就需要有一些看家本領，有一定的利用價值。這樣，我們在與對手的競爭中，才能展現出更強勁的實力，才有戰勝對方的底氣。

世界是很現實的，在繁華的世界，人們總喜歡用擁有的財富來衡量一個人成就。人們眼中的成功者，往往是那些財富的佔有者。

當然，沒有誰會說他們不成功，只是在他們取得成功、受人推崇之前，也都像我們普通人一樣，過著普通的生活，做著普通的工作。沒有人天生註定會是成功的人，他們的成功，也是經過不斷地努力取得的。當你發現一些與我們原本處於同一起跑線上的人，竟已把我們拋在身後，原因就是我們缺少了像他們那樣被人利用的價值，不像他們那樣有自己的本領。

一天，鼠媽媽帶著小老鼠們出去尋找食物，走著走著，突然蹦出一隻大黑貓擋住去路，大黑貓的出現，嚇得小老鼠們亂竄起來。倒是鼠媽媽見多識廣，她拍拍小老鼠，告訴牠們不要害怕。面對大黑貓的兇狠眼神，鼠媽媽沒有絲毫退讓的意思，牠前爪扒地，大叫：「汪，汪汪……」學起了狗的叫聲。

大黑貓見了，還真以為是兇惡的狗來了，嚇得一溜煙似地跑了。

面對驚魂未定的小老鼠們，鼠媽媽語重心長地說：「你們現在知道學會一門外語是多麼的重要了吧！」

這雖然是一則笑話，但也讓我們體會到一些道理。有句話說：「藝多不壓身，藝高人膽大。」掌握好了一門技藝、本領，也就給自己開了一扇方便之門。

當然，我們所說的本領是指自己能夠熟練掌握的技能。有的人，在被問到能做什麼的時候，便把自己說得像是什麼都可以做的樣子。這樣的人看起來似乎什麼都可以做，但要說有一技之長恐怕就不一定了，因為他無法在特定領域展現出強大的優勢。因此，他不能算是一個擁用看家本領的人。看家本領相當於我們的絕活，是我們賴以生存的重要手段。

一位中國農村婦女到美國移民局申請綠卡。她的孩子們都在那裡工作，隨著年事漸高，她想和孩子們一起生活。但是，她只有小學程度，連中文字都不認識幾個。至於英語，她只能說出少得可憐的「您好」、「謝謝」、「再見」這幾個單詞。

看完她的申請表，移民官忍不住問她：「太太，請問妳有什麼技能嗎？」

「我……我會剪紙。」她迅速從背包裡拿出一把剪刀，靈巧地在一張彩紙上剪了起來。不到一分鐘，她就剪出幾幅栩栩如生的動物圖案。

美國移民官睜大眼睛，看著她像看變戲法似的剪出一個又一個漂亮的圖案，不禁豎起大拇指，連聲讚歎。接著，她又從包裡拿出一張報紙：「這是中國《農民日報》刊登的我的剪紙畫。」

看到這裡，美國移民官員不住點頭，連聲說「OK」。就這樣，不到五分鐘，她就輕鬆拿到了綠卡。和她一起來申請的同一批人，不乏年輕體壯者，但只有她這個斗大的字不識一筐的老太太順利過關了。

沒有人需要一個沒有一技之長的人，這樣的人到處都是。而這位老太太卻成功地拿到綠卡，順利過關，全憑她的一手絕活，讓別人對她另眼相看。可見掌握一項本領，無論是對於求生，還是在社會上立足都是非常重要的。

我們都應知道，在其他人眼裡，自己只是一顆普通的沙粒，而不是價值連城、眾人追求的珍珠。與其妄想把自己打造成全才，倒不如專心培養特定領域的才能。找到自己的長處，並且訓練這方面的特長，學精學通，並將它轉變為自己的看家本領。不管別人以怎樣的目光看待自己，都要全力以赴，不達目的決不甘休，這樣才能練出一手絕活。

想在社會上立足，就應先為自己練就一身絕活。當你擁有專屬於自己的看家本領，便具備了在競爭中不落下風的能力，這時你便能既滿足別人的需要，也提升了自己的價值。當我們真正成為一個有本領的人時，就會被別人重新認識和信任。

# 不斷學習，提升價值

人生是不斷學習的過程，當我們自認不足時，就應該想盡辦法去學習。如果沒有一定的專業能力，我們很難在事業上達到一定的高度。無論是任何人，從事任何行業，都必須這麼做。

一個成功的人，會把自己的不足視為前進的動力，當這些不足漸漸從他身上淡化直至消失的時候，他便能體會到成功者的喜悅。有的人急於求成，在條件還不成熟的時候就妄想取得成功；有的人不思進取，在取得一點成績後就自鳴得意。這樣的人，最多只能取得暫時的成功，只有不斷學習的人，才能真正地走向成功，他們居安思危，未雨綢繆，勝不驕，敗不餒。像投資大師林奇並沒有令人驕傲的背景和後臺，他只是在艱苦的環境中，依靠自己的奮鬥，一步一步地走向成功。

彼得・林奇是公認的投資大師，他以驚人的才華，僅僅用十多年的時間，便把兩千萬美元變成數百億美元，創造了震驚美國、震驚世界的「林奇現象」。

十一歲的時候，林奇便開始在一家高爾夫球場做球童，沒多久，他便熟悉了高爾夫球場的工作。聆聽球手們的談話時，他零星地了解到一些關於股票方面的知識，初步感受到股票的巨大魅力。從此，林奇便下定決心要在長大以後從事股票經營的事業，並且要在這個事業中實現自己的人生價值。

十八歲時，林奇除了必修課外，還專修了一些如玄學、認識論、邏輯、宗教和古希臘哲學等看似與金融投資沾不上邊的課程。這是因為他認為：「股票投資是一門藝術，而不是一門科學，它需要有豐富的心理素質，一個缺乏淵博知識和全面素養的人，無法成為一個股票大師。

在波士頓學院學習的第二年，林奇便開始嘗試做一些股票投資。他用自己當球童掙來的一二五〇美元，以每股七美元購進了他的第一筆股票——飛虎航空公司的股票。為什麼要選擇購買飛虎的股票呢？這是林奇經過深思熟慮後的決斷，完全是依靠他廣博的歷史哲學素養和扎實的專業知識而做出的判斷。

原來，在一次偶然的機會，他讀到了一篇關於空運發展前景的文章。文章以具備說服力的分析，斷定未來空運將具有廣闊的發展前景。從這篇文章中，林奇了解到當時航空公司發展的實際情況，並得知飛虎公司是一家具有發展前景的空運公司。因此，在當時人們還不太敢買空運股票時，林奇就毫不猶豫地買下了飛虎股票。

在接著短短兩年的時間裡，空運股票開始受人青睞，飛虎股價由原來的七美元一下子漲到近三十三美元，整整翻了四倍。林奇第一次投資股票，便展現了卓越的股票投資才華。正是依靠這筆股票的贏利，林奇唸完了研究所，獲得了沃倫金融學院經濟學碩士學位。

很快的，命運之神再次來臨。林奇畢業的那年暑假，美國著名的大公司——麥哲倫公司總裁蘇利文主動邀請林奇來自己的公司工作。此後，林奇坐鎮麥哲倫，八年後，便從一名職員一步步升任為麥哲倫公司的總經理。

只有不斷地學習，才能找到在社會中競爭的本錢。社會在進步，每天都有各式各樣的新鮮事物不斷地湧現，要想在激烈的社會競爭中生存，就需要不斷積累和進步。只有這樣，我們才能不至於落伍，也才不會被社會淘汰。

智慧是穿不破的衣裳，知識是取不盡的寶藏。在日新月異、適者生存的時代，不斷地汲取新知識就像不斷地吸收新的養分。有的人，未能體會到這項重要性，是一件很可怕的事情。直到數年或數十年之後，仍只能做著那些取代性高的工作，早已被時代遠遠地甩在身後。

在人生的每一階段，都不應放鬆對學習的要求。與其抱怨機會遲遲不來，不如反省自己是否夠努力。人，只要沒有安於現狀的心理，沒有小富即安的觀念，在不斷地學習之後，總有一天，會讓成功成為自己的代名詞。

# 隨時為自己充電

隨著社會的發展，固有的知識和技能既已無法滿足需要，為了保有持久的競爭力，我們就需要對工作和人生充滿激情，藉由學習來為自己充電，不斷提升自己的利用價值。

有的人，總覺得自己無法被重用，認為自己應足以擔任更高的職務，處理更為複雜的工作。這一類人士被迫離開工作崗位時，總會把原因歸結於外部，沒有意識到其實是自己的利用價值已經到了一定的極限，才會被別人取代。

我們的可利用價值會遇到瓶頸，一旦無法突破，便會給自己的發展帶來致命的危害。在這個資訊氾濫的時代，知識更新的周期非常短暫，無論你以前學過什麼、做過什麼、會做什麼，對以後都不一定很實用。所謂「一招鮮，吃遍天」，我們需要做的就是及時掌握新技能，打破瓶頸。

一九八〇年代，美國蓮花公司在「蓮花1-2-3」研製的基礎上，乘勢為蘋果電腦公司的麥金塔電腦開發軟體，取名為「爵士樂」。比爾‧蓋茨在深入學習及分析了「蓮花1-2-3」後，提出了一個大膽的決定——學習並超越蓮花公司，盡快推出世界上最高速試算表軟體，並給該軟體取名為「超越」，足見其雄霸市場之心。

在整個設計過程中，蓋茨緊盯蓮花的開發進展，唯恐落後於人，不斷加快學習研製「超越」的步伐，決心搶在「爵士樂」上市之前，吹響「超越」的號角。令人興奮的是，在全體員工的共同努力下，「超越」比「爵士樂」整整提前五個星期問世。而這關鍵的五個星期，決定了兩個產品完全不同的命運。

到一九八七年，微軟的「超越」以市場占有率百分之八十九比百分之六的懸殊比例，將「爵士樂」遠遠甩在了身後，狠狠擊敗了蓮花公司。就這樣，微軟馬不停蹄地學習，超越了一個又一個競爭對手，始終扮演市場領軍者的角色。

樹挪死，人挪活。做事不能太拘泥，也不應懷著一勞永逸的僥倖心理。每個人都應充滿工作熱情，享受被利用的樂趣，因為在工作中，你不僅是在被利用，也正充實著自己，向自己的目標前進。正是這種追求進步、追求超越的的堅持，讓蓋茨邁向成功。

平凡的人，在平凡的崗位上，也能創造出不平凡的人生。有些人因為從事性質單純的工作，覺得沒什麼技術，輕輕鬆鬆就可以應付，久而久之就忘了為自己充電。這時，反而更該仔細思考，自己當初是為什麼要做這件事的呢？並不是為了輕鬆隨意，而是要利用工作來提升自己。在簡單的工作崗位上，只要你全力以赴，也會有所成就。不管什麼時候，給自己充電的熱情不能減。

如果你覺得自己非常適合現在所從事的職業，是實現自己目標的最好途徑。但周圍的人卻總是議論你，說你傻，說你心甘情願被人利用。這個時候，如果你無法掌握自己，忘記了自己的初衷，就有可能把一個難得的機會白白送給他人。相信自己，不要太在意別人的風言風語，要知道，他們說這些話是因為他們沒有這樣的機會。如果他們在你現在的位置，也會激情四射，勤奮努力。與其看別人的眼色，不如在被利用中完成自己的目標，讓人改變看你時的眼色。

當然，你仍應理性思考，選擇最直接的技能提升自己，這樣才能在工作中學有所用，而不會白白浪費時間金錢，甚至反受其累。

小湘原是在一家世界五百強公司裡擔任技術支援的工作。在幾年的時間裡，她的職業發展也算一帆風順。不過，讓人沒想到的是，後來她選擇了離職，到加拿大進修MBA金融學的課程。

為了能夠取得更好的職位，小湘付出了很大的代價。她放棄了原本還不錯的工作，起早貪黑地攻讀GMAT課程，還付出了多年的儲蓄。苦點累點不算什麼，讓小湘失望的是，當她拿到學位的時候，竟無法在當地找到一份適合的工作。在加拿大，金融人才並不屬於緊缺人才，何況她沒有這方面的工作經驗，在語言上還有著明顯的劣勢。

無奈之下，小湘選擇了回國，希望在國內能找到理想工作。這時的她還是信心滿滿，因為她相信憑她的條件，找一份合適的工作應該不在話下。

然而這一次，她又失望了。她連續應徵了幾家外資銀行，在初試階段就被刷了下來，儘管她的語言和學歷都很優秀，但是她沒有任何金融行業的工作背景，銀行需要的是具有豐富經驗的人才。

眼看著自己進金融行業沒什麼希望，小湘又想到了技術支持的工作，只是放棄這個領域已經有好幾年了，這意味著從頭再來。而且面試人員在看到她的簡歷中有進修金融MBA的經歷時，都會對她的職業忠誠度表示懷疑。

投入了大筆的時間、精力、金錢，小湘的職業發展卻遭遇到了重重阻礙。這一次失敗的充電，對他造成相當大的打擊。

在一個被利用的崗位上，有熱情和沒有熱情，效果是截然不同的。前者使你在被利用的平臺上變得有活力，工作做得有聲有色，創造出許多輝煌的業績；而後者會使你變得懶散，對工作冷漠處之，當然就不會有什麼發明創造，潛在能力也無所發揮。可見培養職業熱情，是在被利用中能否擁有競爭力至關重要的一點。

我們在為自己充電時，更要留意方向是否正確，不然的話，效果只會適得其反。充電的方向要與自己的職業發展方向一致；當意識到自己急需充電時，就需要縮小范圍，有針對性得充電。應根據自己的處境進行，不能急於求成。剛進入職場沒多久的新鮮人其實並不真的需要讀MBA，這時只能說是提高了自己的知識面，算不上提高能力。當自己能擔任企業的中高級職位，有更多的實踐管理經驗時，進修MBA就能讓自己更上一層樓。

我們要時刻銘記：給自己充電的能力就是一種生存的能力，只有那些永遠對工作和人生充滿熱情的人，才是老板眼中有利用價值的人。只有這樣的人，才不會在時代的大潮中被淹沒。

# 今天工作不努力，明天努力找工作

一個人的工作態度折射著人生態度，而人生態度決定一個人一生的成就。在平時的工作中，我們可以明顯地看到，不同的工作態度決定了不同的境遇，有的人能成為公司的骨幹，得到老闆的器重；有的人則碌碌無為，整天唉聲歎氣。這個世界上稱得上天才的人並不多，我們大多數人的天賦差不了多少，靠什麼去改變自己、成就自己呢？重要的一點就是要有敬業的精神。

許多人，不知道尊重自己的工作。他們把工作視作取得麵包、乳酪、衣服、公寓的一種討厭的「需要「，一種無可避免的苦役。他們不把工作當作一個鍛煉能力的東西，一個訓練建造品格的大學校。

他們不懂得，工作能激發他們內在的最優良的品格，讓他們在奮鬥、努力中去發揮出他們所有的才能，去克服一切成功之障礙。工作對於他們只是一種苦役。他們不懂得毅力、堅忍力，以及其他種種高貴的品格都是從努力工作中得來的。一個人抱怨、鄙視自己的工作，他的生命決不能得到真正的成功。結果恐怕只能是一個，那就是「今天工作不努力，明天努力找工作」！

一個年輕人去一家著名的酒店當服務員。這是他的第一份工作，他對自己說：「一定要好好幹，將來做一番大事。」

不過，事情並沒有朝他想像的發展，在新人受訓期間，主管安排他洗馬桶，要求是必須把馬桶抹得光潔如新。

沒人會喜歡這樣的工作，更何況還要抹得光潔如新。當他拿著抹布伸向馬桶時，胃裡馬上就像哪吒在鬧海似的，讓他噁心得想嘔吐卻又嘔吐不出來。他沮喪地想：「工作不怎麼樣，倒是先把自己的胃弄垮了。」

為此，他對在這家酒店一展拳腳不再抱任何幻想。繼續做下去，什麼時候才會是個頭？也許該選擇放棄，另謀高就，可他不想就這樣敗下陣來。

就在他猶豫不決的時候，一位前輩幫他擺脫了困惑。他親自在年輕人面前洗馬桶，一遍又一遍，直到抹洗得光潔如新，然後，他從馬桶裡盛了一杯水，喝了下去。

年輕人大感驚訝，恍然大悟，這件事給他很大的啟示。他痛下決心：「就算一輩子洗馬桶，也要做一名洗馬桶最出色的人！」

從此，他認真地對待洗馬桶的工作，毫不含糊，達到了無可挑剔的高水準；為了檢驗自己的工作成果，也為了強化自己的敬業心，他也多次從馬桶裡盛出水來喝。

他就是世界旅館業大王康拉德・N・希爾頓，他建立了享譽全球的希爾頓酒店帝國。

敬業是一種責任精神的體現，一個有敬業精神的人，才會真正為企業的發展做出貢獻，自己也才能從工作中獲得樂趣。敬業的員工之所以盡量做好工作，不僅僅是為了對老闆有個交代，更重要的一點，他將敬業視為一種使命，是一個職業人士應具備的道德。如果我們在工作上敬業，並且把敬業變成習慣，我們將會一輩子從中受益。

站在老闆或主管的角度換位思考一下，你拿人家的薪水就得給人家一個交代。這是做一個人最起碼的職業素養，也是良心與道德的問題。如果你的員工偷懶懈怠，你做何感想？再從自己的角度想一想，如果你想做一番事業，那就應該把眼下的工作當做自己的事業，秉持著非做不可的使命感。

今天站在哪個位置並不重要，但是下一步邁向哪裡卻很關鍵。不管我們現在從事的工作多麼辛苦，只要有強烈的進取心和敬業精神，只要不局限於狹小的圈子，只要我們強烈地渴望攀登成功的巔峰，並願意為此付出艱辛的努力，任何障礙都阻擋不了成功的腳步。讓我們為自己的人生工作，為自己的理想而工作。為自己的成功而奮鬥！

一個隨時以公司利益為重的人，必然是個敬業的人，他明白自己不光為別人打工，同時更是為了自己而努力工作。有了這樣的認識後，公司的利益和我們個人的利益便畫上了等號。所以，成功的起點是熱愛自己的工作，而一名員工要想爭先創優，就首先應該從敬業做起。

在職場中，最大的財富就是敬業，敬業最大的受益者就是我們自己。當我們養成對事業高度的責任感和忠誠感之後，就會成為一個值得信賴的人，可以被委以重任的人。如果一個人不具備敬業精神，就容易養成閒散、推諉、不負責任的態度，這樣就很難在職業中付出全部的努力來完成任務，成功對他們來說更是遙不可及。

敬業是走向成功的根本。我們要尊重自己所做的每一項工作，即便是普通的一件事，都值得你全力以赴，認真地完成。平凡常常孕育著偉大，認為自己做平凡工作的人，一定不要輕視現在的工作，平凡的工作裡面一樣有黃金，只要肯努力挖掘，一樣可以挖掘到黃金！

習慣成自然，有的人天生就有敬業精神，有些人則需要培養才會有敬業精神。在工作中，我們要更積極、更主動，這樣才會獲得更多的經驗，體會更多的快樂，在人生的道路上，取得更大的成就。

# CHAPTER 04

# 建立自己的「無可取代」性

# 培養吃苦耐勞的精神

臺上一分鐘，臺下十年功。在光鮮的外表之下，藏著多少汗水與淚水，只有臺上的人才能體會得到。

在很多人的眼中，那些有本事的、取得成功的人都過著逍遙自在的生活，根本不用吃苦；吃苦的人都是一些沒有真正本事的、只能被別人管著的人。然而，他們沒有看到的是，這些成功的、有本事的人，哪一個不是從吃苦中走過來的，如果他們未曾辛苦地工作過，哪來被人利用的機會，更別提獲得成功了。

沒有誰喜歡苦難，但成功者大多是從苦難中走出來的。吃苦耐勞也是一種資本，能夠豐富社會生活經驗，磨練意志，使人變得成熟。一個人如果能夠吃苦耐勞，便具備了在事業上取得成功的基本條件。

李嘉誠幼年喪父，

家中的重擔便由他稚嫩的肩膀扛起。一般孩子十四歲的時候應該是在學校度過，每天都在知識的海洋中徜徉，然而，生活的壓力卻迫使李嘉誠不得不選擇輟學，早早地踏入社會。

在港島西營盤的春茗茶樓，他找到一份服務生的工作。每天清晨五點左右，當大家都還在睡夢中的時候，他就得從溫暖的被窩中爬起，然後趕到茶樓準備茶水及茶點。每一天的工作時間長達十五小時以上，是嚴酷的考驗與磨練。

舅父非常疼愛李嘉誠，為了讓他能夠準時上班，便買了一個小鬧鐘送他。李嘉誠把鬧鐘調快了十分鐘，以便讓自己第一個抵達茶樓。茶樓老闆對他的吃苦耐勞深為讚賞，李嘉誠也就成為茶樓員工中加薪最快的一個。

曾經有人問過李嘉誠的成功祕訣，他講了這樣一則故事：

在一次演講上，有人問六十九歲的日本「推銷之神」原一平推銷的祕訣，他當場脫掉鞋襪，將提問者請上講臺，說：「請你摸摸我的腳板。」

提問者摸了摸，十分驚訝地說：「您腳底的繭好厚呀！」

原一平說：「因為我走的路比別人多，跑得比別人勤。」

李嘉誠講完故事後，微笑著說：「我沒有資格讓你來摸我的腳板，但可以告訴你，我腳底的繭也很厚。」

李嘉誠的經歷和他講的故事，讓我們知道，成功不是不勞而獲的，不能吃苦、不肯吃苦、不敢吃苦的人，是不可能獲得任何成功的。

我們也許沒有父輩傳承下來的產業，沒有過人的頭腦，而且也還沒有嫻熟的手藝和精湛的技術，但我們有年輕這個資本，還有能吃苦耐勞的精神。「吃得苦中苦，方為人上人。」一那些能吃苦耐勞的人，很少有不成功的。這是因為苦吃慣了，便不再把吃苦當苦，能泰然處之；怕吃苦，不但難以養成積極進取的精神，反而會對困難和挫折採取逃避的態度，這樣當然也就很難成功了。

上天對每個人都是平等的。但是後來，祂會垂青於吃苦耐勞的人，因為這樣的人更值得得到祂的垂憐和照顧，所以原本平衡的天平就慢慢變得傾斜。如果我們能積極面對生活，努力工作，克服擺在面前的一個個困難，總有一天，在成功者的名冊裡，也會寫上我們的名字，在天平升起的那一端，也會有著我們的身影。

吃苦耐勞，既能磨練人的意志，又是一種資本。它會使人在今後人生中遇事不驚，化險為夷。吃苦耐勞與成功是密不可分的。沒有汗水怎會有收穫？成功是對吃苦耐勞的獎賞。像李嘉誠這樣的成功商人，也是從無到有，一步步發展起來的。一個不會吃苦耐勞的人，積累不了足夠的實際經驗，就不知道理論知識該怎如何運用。這就需要我們用勤勞去彌補自己的不足之處。

沒有誰是天生註定能成功，渴望成功的人，必須鍛鍊自己吃苦耐勞的特質，它是我們人生中不可或缺的寶貴財富。一個人如果身體上不怕勞累，心理上不怕折磨，事業中不怕起伏，奮鬥中不怕艱險，還有什麼理由能阻止他成功呢？

# 敢冒險，才能擁有機會

對於喜歡過安逸的生活、從事簡單的工作的人而言，冒險簡直就是自己在給自己找不痛快。因為在他們的眼中，「冒險」一詞傳遞了危險的信號——因為有危險，接近它、挑戰它，才叫冒險，他們從來沒能從「冒險」中看到機遇。

冒險精神不等同於莽撞。在從事冒險時，我們的行動有明確的目的性，並且願意承擔責任。面對競爭時會感到興奮，而且沒有任何畏懼感。這種性格的人總在問自己：「我是不是做好了準備？我們能在充滿危機與挑戰的情況下承擔責任嗎？」

冒險不是沒事找事，它所展現的是一個人的勇氣、魅力和抓住機會的能力。比爾・蓋茨說過：「所謂能力，就是去嘗試新的、沒做過的事。可惜在微軟的神話下，大部分人做的，僅僅是去重複微軟的一切。這些不敢創新、不敢冒險的人，要不了多久就會喪失競爭力，又哪來成功的機會呢？」

微軟只青睞具有冒險精神的人。他們寧願冒失敗的危險選用曾經失敗過的人，也不願意錄用一個處處謹慎卻毫無建樹的人。在微軟，大家的共識是「去嘗試機會，即使失敗，也比不嘗試任何機會好得多。」

在現代社會，從一定的角度看，不敢冒險會是最大的冒險。一個貪圖安逸的人，實則是在拿自己的未來做賭注，其結果往往是慘敗。

在非洲大草原上，有很多種動物在這裡生活。受到雨季和旱季的影響，牠們過著逐水草而居的生活。每當夏天來臨的時候，上百萬隻牛羚需要從乾旱的塞倫蓋蒂北上遷徙到馬賽拉的濕地。

在遷徙的途中，格魯美地河是唯一的水源，對牛羚群來說，這裡是延續生命，也是瀕臨死亡的地點。因為在河水裡，還生活著另一種可怕的動物——鱷魚，牠們靜靜地在水中等候著獵物到來。

這天，牛羚們來到一處適於飲水的河邊，領頭的牛羚慢慢地走向河岸，其他牛羚也跟著走了幾步，但很快又跳了回去，牛羚群一片騷亂。身後的牛羚一齊向前擁，慢慢將前面的牛羚擠到了水中，但它們並不敢輕易低下頭去喝水，只是驚慌地注視著水面。

終於有一隻小牛羚不顧死活地開始飲水。突然，一隻牛羚一陣亂跳，使牛羚群再次騷亂。它迅速從河中退出，回到岸上。只有那些勇敢地站在最前面的牛羚才喝到了水，大部分牛羚或是由於害怕，或是無法擠出重圍，只得繼續忍受著乾渴。

機會不等人，對我們而言，沒有超人的膽識，就沒有超凡的成就。當著實意識到風險存在的時候，沒必要反覆地想著該不該去碰它，要有戰勝風險的勇氣和魄力。否則，時間只會被浪費在不斷的計算之中，而錯失一個對自己也許是最好的時機。

一個農夫整日在自家的農田間走來走去，像是在考慮著什麼。一天，一個路過的人問他有沒有種棉花。

農夫回答說：「沒有，我擔心天會下雨。」

路人又問：「那你種了花生了嗎？」

農夫說：「也沒有，我擔心蟲子會把花生吃掉。」

路人一臉驚訝，接著問：「那你種了什麼呢？」農夫說：「為了確保安全，我什麼也沒種。」

有一句話叫做「富貴險中求」，不是沒有道理。一個不敢戰勝任何風險的人，只能在原地打轉，他似乎什麼也沒失去，但就像故事中的農夫一樣。他沒有失去棉花或花生或其他的種子，但是，他失去了這塊地可以帶來的收成。

當我們來到這個世界的時候，早已經被宣判了死刑，只是我們不知道會是什麼時候，以什麼方式來結束我們的生命。每個人最終都要面臨死亡，大不了也就一死。死是一個人一生中的最難。既然我們最終都會去面對這人生中的最難，那還有什麼困難是不能面對的呢？在短暫的人生旅途中，困難、失敗又算得了什麼？最重要的是我們曾經放手去奮鬥過！

我們要想有所作為，一定要有冒險精神，假如對失敗存在有畏懼感，不敢去冒風險，只想平平安安地過一輩子，儘管可靠平靜，但卻是悲哀而毫無生趣的人生。最令人痛惜之處，在於親手將自己的潛能葬送掉了。與其造成這樣的悔恨和遺憾，還不如摒棄膽怯，勇敢地去闖蕩和探索。與其平庸地過一生，不如做一個敢於冒險的英雄。

如果你想獲取財富，贏得成功，最大的祕訣就在於敢於冒險。冒險不是成功的唯一保證，但不冒險絕對與成功無緣。冒險有可能讓你傾家蕩產、窮困潦倒，但強者還是願意去嘗試。

如果你仍不願意設法讓自己變得更有價值，那你註定今生就只能落於平庸。敢於冒險，敢於迎接工作中遇到的挑戰，才能擁用更大的自由和空間。未來再遇到更大風險的時候，才會抓住機會，勇敢地面對它，享受挑戰它的過程，讓自己的人生更加豐富多彩。

# 要有一夫當關的魄力

魄力是指一個人所具備的膽量和膽識。要想被人利用，做一個有本事的人，就是要敢想敢做，出手果斷而迅速。

魄力是一種血性。畏首畏尾和瞻前顧後的人不會有魄力，抱殘守缺和墨守成規的人同樣也難有魄力，原因是前者太看重結果，後者太留戀當前。幾乎恰恰相反，有魄力的人憑著獨到的眼力和深厚的實力，不僅樂於放手當前，而且敢於力拼結果。他們也許無法保證每一個決斷都能贏得成功，但他們都能義無反顧之間，確信自己方向和目標的正確。一個有魄力的人即便不幸失敗了，呈現給我們的場景也只是悲壯中的波瀾壯闊，而不會是淒涼中的黯然神傷。

魄力可以彰顯一個人的英武。一個有魄力的人容易得到別人的肯定和敬仰，實際上就是英武所幻化出來的偉岸之氣。人們往往更願意把重任交給有魄力的人，潛意識裡反映著大家對這種陽剛之氣的接納和認同。

有的人，有想法卻沒辦法，有實力卻沒魄力。這樣的人，無法展現自己的最大價值，也無法取得大成就；

如果說人生、事業、財富是一座座高山，那麼，有魄力的人會勇敢地接受挑戰，向山的最高處攀沿，到了那裡，才會看到最美麗的風景。而沒魄力的人，只會望著高山嘆惜，咒罵命運總是為他設置了這麼多的障礙。

邱吉爾曾經說過：「勇氣很有理由被當做人類德性之首，因為這種德行保證了所用其餘的德行。」他所說的勇氣，就是一個人面臨問題時展現出來的魄力。

姜道澤是吉林高麗王朝飲食連鎖機構的董事長。小時候，他的夢想就是能過上好日子。大學畢業後，他還只能賺到低廉的工資。一個在深圳外企工作的同學回來請他吃飯，他不會點菜，最後點了個十五元一碗的冷麵。當時他心裡想：「連冷麵都能賣到十五元一碗，我也要創業。」

他一個人來到長春，賣過藥品，做過保健品，還賣過服裝，也投資開過一家康復中心，但是他很快就發現，雖然把工作場所規範得很好，引進了先進的設備，但運轉起來就是不太順利。他選擇了退出，重新考慮自己的定位。

一九九九年春季，姜道澤外出旅遊時發現當地的醬湯味道特別好，他想：「何不開一家有特色的餐飲店呢？」

於是，他在延邊跑了幾十個村莊，尋訪製醬高手拜師學藝。手藝終於學會了，他卻發現傳統醬湯只能保證一鍋湯的味道，用到火鍋裡千煮百涮必然失去醬香的味道。於是，他用了整整一年的時間，將三十六種穀物藥材研製成涮多久都能保留醬香的火鍋醬湯底料。二〇〇一年春節，他靠著借來的十萬元資金，用獨家研製的大醬熬燉牛排的火鍋店開張了。牛排和醬湯做的火鍋讓長春人充滿了好奇，雖說都零下三十攝氏度了，可想嘗嘗鮮的人還是排起了長長的隊伍。

於是姜道澤的火鍋店生意越來越火紅，最旺的時候月營業額能達到一百五十萬元。到了二〇〇五年夏天，姜道澤已經在長春開了三家店，資產過千萬元。

二〇〇五年夏，經過深思離熟慮，他決定推出一塊錢的牛排醬湯火鍋鍋底。

這一招正是顯示了他的魄力，一元的火鍋鍋底果然吸引了大量的消費者。據說，餐飲最遲的時候，一頓飯就要三四百斤排骨，放醬湯的桶要三四桶。

二〇〇六年，他的火鍋連鎖店已經遍佈全國七十多個大小城市，四家直營店的年總營業額超過四千萬元，七十多家合營店的年總營業額超過了兩億元。

成就大事需要魄力，很多人無法成就大事，最大的毛病就是缺乏敢於決斷的能力。當事情擺在面前的時候，總是左顧右盼、思前想後，錯失了成功的機會。

魄力不足實際上是在無形中看低了自己的潛能，並不一定出於膽怯，主要是意識中沒有一衝而上的想法。魄力是敢於搏大的氣概，當決定了，就把視為冒險的目標當底線，接下去就是調動一切力量和潛力，讓它變成現實。在成功的契機來臨時，成大事的人敢於決斷，會明快做出選擇，從而取得先機。

魄力是勇氣的象徵，是成功的保證，沒有魄力的行動和計畫一定是事倍功半的。魄力從何而來？對於那些成大事者來說，他們善於總結自己、反思自己、比較自己，從而避實就虛，找到自己人生的強項——自己究竟能做什麼和不能做什麼，並付出實際的行動。這個過程就是確立自己成大事手段的過程。不明白這一點，就會永遠朝錯誤的方向走下去。

在順境中，有魄力的人能夠除舊革新，銳意進取；在逆境中，有魄力的人又可以力排眾議，敢作敢當。我們在面臨問題時必須表現出足夠的魄力，才能得到別人的承認，才能在機會出現的時候準確地加以掌握，讓自己能與成功零距離接觸。

# 培養把握機會的能力

人生充滿機會，對每一個人而言，機會是公平的，只是有些人抓住了，有些人沒抓住；有些人發現了，有些人卻茫然不知。

在泰國，有一個很奇怪的雕像，從正面看，它是一個非常性感的女人，只是亂糟糟的頭髮擋住了女人的臉，難以分辨出它的面容是美麗還醜陋。當人們走到雕像的背後看時，發現它的後腦光禿禿的，背上寫著「機會」二字。

泰國人說：這是「機會女神」的雕像，意味著當機會來臨的時候，我們往往因看不到它的臉而感到疑惑，因此忽略了它；當機會走了的時候，才發現是機會，但是你再去抓時卻抓不到，因為後面光禿禿，一根頭髮也沒有，我們無法抓住任何東西。

所以當機會來到我們身邊時，我們要先一把抓住她的長頭髮，不要讓她跑了，然後再掀開她的長頭髮看清她的模樣，合適的就留下來，不合適的再放她離去。

有一個年輕人非常想娶農場主漂亮的女兒為妻。於是，他來到農場主家裡求婚。農場主仔細打量了他一番，說道：「我們現在一起去牧場。我會連續放出三頭公牛，如果你能抓住任何一頭公牛的尾巴，你就可以迎娶我的女兒。」

於是，他們來到了牧場，年輕人站在那裡，焦急地等待著農場主放出的第一頭公牛。不一會兒，牛欄的門被打開了，一頭公牛向年輕人直衝了過來，這是他所見過最大而且最醜陋的一頭牛了。他想，下一頭應該比這一頭好吧！於是，他退到一邊，讓這頭牛穿過牧場，跑向牛欄的後門。

牛欄的大門再次打開，第二頭公牛衝了出來。然而，這頭公牛不但體形龐大，還異常兇猛。牠站在那裡，蹄子刨著地，嗓子裡發出「咕嚕咕嚕」的怒吼聲。

「哦，這真是太可怕了。無論下一頭公牛是什麼樣的，總會比這頭好吧。」年輕人心裡想，並再度退開了。

過沒多久，牛欄的門第三次打開了。

當年輕人看到這頭公牛的時候，臉上綻開了微笑。這頭公牛不但形體矮小，而且非常瘦弱，這正是他想要抓的那頭公牛！當這頭牛向他跑過來的時候，他看準時機，猛地一躍，正要抓住牛尾巴時才發現——這頭牛竟然沒有尾巴！

在我們的身邊，永遠都不缺少機會，而是缺少抓住機會的能力。在機會到來之前，我們要做好充分的準備，努力提升自己的能力，等到機會真正到來之時，我們便能充滿信心的接受挑戰，把握機會，成就自己的人生。

人生路上，機會稍縱即逝，要好好把握住機會。機不可失，時不再來，如果把握不住，機會就會像流雲一樣從你面前飄然而過，所以機會來時要充分把握住，你就能成為成功者。

在被人利用的時候，不要以為機會會像一個到你家裡來的客人，會在你門前敲門，等待你開門把他迎接進來。恰恰相反，機會是一件不可捉摸的活寶，無影無形，無聲無息，倘若你不用苦幹的精神，努力去尋求它，也許永遠遇不著它。

生活中有很多機會，就是看你會不會把握！上天賦予每個人的機會是一樣的，就看你會不會珍惜。

小麗原是市場一線的女員工，當時她所在的市場碰到了百年不遇的洪澇災害，縣城裡積水嚴重，一片混亂，分公司所在倉庫裡還堆著價值五萬多元的貨物，一怕水淹，二怕人搶。

這時經理因為洪水被困在別的城鎮。小麗當下召集在場的幾位女促銷員，站在齊膝深的水中，把貨物轉移到安全的地方。等到洪水一退，立刻清點在經銷商處存放的貨物，將洪水帶來的影響降到最低，最終完成了當月的銷售任務。

這一年，小麗被邀請參加總公司的例會。當時她含淚的發言給在場的每個人留下了深刻的印象。會後沒多久的時間，小麗就被提拔為另外一個市場的經理。

小麗藉由一番努力，贏得了展現自己的機會，而且她也精確地地抓住了這個機會，走上了新的崗位，迎接新的挑戰。

想要抓住機會，需要的不僅僅是努力和勇氣，更重要的是敢於行動。一個人的行動決定著一個人的成功。「智者無悔」，當機遇來到你面前，你是否能一手掌握住。一個聰明的人能夠預見機會，即使是錯過也不會後悔。因為他有足夠的耐心和毅力等待一個屬於自己的機會，一旦發現，他就會馬上行動起來。「勇者無限」，有勇氣面對挑戰，勇敢行動是獲得成功機會的關鍵。

當我們還不為人關注的時候，都是處於一個積蓄實力的階段。當機會真正出現的時候，我們便應快速出擊，將它緊緊地抓在自己手中，不輕易地讓它溜走。如此一來，我們便能進一步縮短與目標的距離。在人際交往的過程中，也會更加主動，更有優勢。

# 合作的意識不可少

我們可以輕易將一根筷子折斷；可面對一把筷子時，廢了九牛二虎之力也動不了分毫。人也可以比喻為筷子，單打獨鬥很容易被擊敗，只有與別的筷子團結在一起時。才能確保安全。

人與人相處是一件很平常的事，然而，人與人能夠相處得和諧美好，卻又是一件非常不容易的事。由於年齡、個性、經歷、志趣、理念等方面的差異，人們在相處過程中難免會產生諸多矛盾和衝突。我們在思考和處理這些矛盾時，又往往習慣於從自我出發，總認為真理站在自己這邊，別人都是錯的。

在這個講究互惠互利的社會，僅憑自己的微薄力量取得一定的成就是一件艱難的事情，加強團隊合作，用別人的優勢彌補自己的劣勢才是最有效的辦法，合作雙方都能獲得各自需要的利益。

當今世界的旅館業者之中，希爾頓集團可說是疆界在五洲，遍佈世界各都市。兩百多幢巍峨壯觀的高樓大廈，舒適豪華，裝飾高雅的套房，溫馨周到的一流服務水準，無一不在向人們顯示著它的與眾不同之處。其中特別值得稱道的是希爾頓集團的團隊精神。唐拉德・希爾頓在服役期間深刻認識到，在戰場上，每一個人的生命都要靠忠誠的戰友互相保護。沒有這種精誠合作的精神，一個人要想在戰場上生存下來，是很難想像的。這就是希爾頓在經營旅館時，之所以能比另人的旅館更出色，能賺更多的錢的主要原因。

正是這種團隊精神，使希爾頓集團上下團結一致，在競爭中立於不敗之地。所以，希爾頓曾這樣說過：「我可能是德克薩斯州最幸運的，是福中之人。這種福來自於友誼，來自於志同道合的夥伴。我希望我的一生能永遠與同僚相處愉快，合作無間。因為，我的福分來自他們。」

二〇〇〇年，美國《富比士》雜誌評定的五十位中國富豪中，張果喜排在第二十四位，他就是一個善於合作、善於借助別人的力量為自己辦事的高手。

張果喜素有「巧手大亨」之稱，他看准了佛龕在日本市場的潛力，便聚集員工進行分析、達成共識，使產品在日本市場一炮走紅，成為日本佛龕市場的老大哥。

公司為了經營的需要，在日本委託了代理銷售商，但一些富有眼光的日本商人看到經營這種佛龕有大利可圖，為了賺到更多的錢，就想繞過代理商這一關，直接從果喜實業集團進貨。

張果喜仔細地考慮了這件事情。從眼前利益來講，從廠方直接訂貨，就減少了許多中間環節，有利於廠方的銷售，然而卻破壞了與代理商之間的關係，同時佛龕在其他地區也有相當大的生產能力，代理商如果背向自己，與那些地區的生產廠家掛鉤，豈不影響本公司的利益嗎？

張果喜果斷地回絕了那些要求直接訂貨的日本朋友，並且把情況轉告給代理商。他對代理商表示，公司在日本的業務全部由代理商處理，公司不通過其他管道向日本出口佛龕。

代理商聽後，很受感動，在佛龕的推銷和宣傳方面下了很大的功夫，並且在日本市場打出了「天下木雕第一家」的金字招牌，讓張果喜公司的佛龕在日本市場上站穩腳跟。

無論是賺大錢，還是賺小錢，都要廣交朋友，談得來，交得上，就好像十八般兵刃，到時候說不定就用上了哪般。朋友猶如資本金，多多益善。不同的朋友能為你帶來不同的啟迪，開闊你的眼界、為你帶來意想不到的驚喜和回報，幫助你在不同行業中順利地賺取財富。

不要以為被人利用了只是給別人帶來好處，我們自己會有獲益。最關鍵的是我們要有真本事，就可以在被他人利用的過程中相互利用。

一個能夠與人合作的人才能獲得生存的空間，一個善於與人合作的人才能記得更好的發展。

# 能被人利用是一種大智慧

智慧是讓我們被人利用的一個重要法寶，是我們在遇到問題時能夠快速將問題解決的有效武器。當我們還在抱怨自己因沒別人聰明而不能被人利用的時候，我們應該自問：是否擁有了智慧？

我們都渴望成功，也甘願為此努力奮鬥。不過只是死板地去追求成功的話，很難在強烈的競爭中出人頭地，我們還需要有處理和解決問題的智慧，有能將絕境化為順境、將不可能的事情變成現實的智慧。

數百萬年前，地球上出現了靈長類，為了生存的需要，當他們的體能已發展到極限的時候，突然靈光一閃，他們擁有了另一種更為強大的力量，那就是智慧，這種動物進化成了我們人類。

其實，我們人類有很多地方比不過動物的地方。比力量，比不過大象；比聽力，比不了蝙蝠；比視力，比不過老鷹；比嗅覺，也不如狗。但我們還是成為了地球的主人，只是因為我們擁有智慧。

從前，有一隻老虎在森林裡走著走著，突然聽到了一陣響亮的鞭打聲。老虎循聲望去，看著眼前的景象，大吃一驚。牠看見了強壯、勇猛的水牛拖著大犁，蹄子陷在泥淖裡，埋著頭，艱難地向前移動。水牛雖大汗淋漓，氣喘吁吁，但牠並不反抗。更令老虎不解的是，驅趕水牛的竟是一個瘦弱的農夫。

於是，老虎問道：「水牛，你這麼強壯，怎麼怕那軟弱的人呢？」

水牛聽了，湊到老虎耳邊說：「人擁有智慧。智慧的力量強著呢！」

老虎聽後，跑到人面前，裝出恭順的樣子，向農夫請求道：「無所不能的人啊！請您讓我看一眼您的智慧吧！」

農夫對老虎說：「太不巧了，我把智慧忘在家裡了，我可以去拿，但我怕你吃我的牛，所以我得把你先捆起來。」

「沒問題。」老虎爽快地答應了，農夫拍拍手走了。

可憐的老虎在那等了老半天，終於等到人來了，可不是一個，而是一群，手裡都拿著大木棒。老虎頓時感到眼前發黑，身子一軟，倒在了地上。人們擁過來，把「森林之王」請進了籠子。

老虎絕望了，哀求道：「請您讓我看一眼您的智慧吧！」

農夫不慌不忙地回答：「這就是我們人類的智慧呀！」

這就是人類的智慧，是人類能夠戰勝各種動物，成為地球主人的重要工具。想要取得他人利用，取得業績，需要我們不斷地努力獲取。但是有時候，工作中的能體現出來的智慧卻發揮了更為重要的作用。在行銷學中，有個精彩的案例，就是把梳子賣給和尚。

我們都知道，和尚是沒有頭髮的，買梳子能有什麼用？很多推銷梳子的人都會被這個思維定勢困住，根本不想浪費時間和精力去做這件事，結果當然一把梳子也沒賣出去。可是甲、乙、丙三人，居然都做出了賣梳子的業績。

甲僅賣出了一把，乙賣出了十把，而丙竟然賣出了一千多把。他們能夠做出業績的祕訣是什麼呢？

甲說，他一共跑了六座寺院，受到了無數和尚的臭罵，終於感動了一個小和尚，買了一把梳子。

乙說，他去了一座名山古寺，由於山高風大，把前來進香的善男信女的頭髮都吹亂了。乙便找到住持，說：「蓬頭對佛祖是不敬的，應在每座香案前擺一把梳子，供善男信女來梳頭。」住持認為有理，由於寺裡一共有十座香案，於是便買下了十把梳子。

丙來到一座頗富盛名、香火極旺的深山寶　，對那裡的方丈說：「凡是來進香的人，都有一顆虔誠的心，寶　應有回贈，保佑他們平安吉祥，鼓勵他們多行善事。我有一批梳子，您的書法超群，可刻上『積善梳』三字，然後作為贈品送給他們。」

方丈聽了大喜，立刻買下一千把梳子。

在這個故事裡，甲的執著固然讓人感動，但乙和丙的智慧更令人敬佩。所以想要出色地完成任務，不僅需要永不放棄的精神，更需要有打破常規的智慧。

用智慧去尋找成功的道路，用智慧去粉碎道路上的阻礙。當我們碰到問題的時候，如果只是憑著感覺胡搞一番，就算解決了，也浪費了更多的時間，而一個聰明的頭腦是解決問題的最有力武器，能更快速地解決問題。所以，對我們每個人來說，開發智慧，學會思考，尋找方法，是我們邁向成功路上必須牢記的重點。

# 你有被利用的實力嗎？

如果你還認為只要默默努力就能得到重用，那你就大錯特錯了。你是否覺得自己勞苦功高，整日為公司忙裡忙外、腳不沾地，老闆卻總是忽略你，對你的貢獻視而不見，讓你好失落？

其實，要想得到重用，實力才是一個最重要的指標。天下的老闆都希望他的公司賺大錢，發給員工的薪水越高越好，因為那意味著他們為公司創造的價值越來越大，如果每個員工都只拿一點點微薄的薪水，那表示這間公司大概也撐不太下去了。

李寧的公司剛剛接到一個大專案，當然，誰要是能夠負責這樣的專案，肯定能拿到豐厚的獎金，更可以在公司、客戶及至整個行業內樹立自己的個人品牌，對未來的發展極有好處。李寧當然要極力爭取，但最終定案的負責人卻不是他，他覺得委屈，於是去找經理詢問原由。

經理說：「這麼大的案子，你從沒負責過，我們對你的實力還沒有很深入的了解，怎麼可能把它交給你呢？」

這樣一來，李寧倒覺得更委屈了，他認為是經理不信任他，公司不信任他。可前幾天，經理還對他的工作表示滿意，說他很有能力，發展空間會很大，難道只是說說而已的。

也許並不是李寧能力不足，也不是經理偏心。對於一個用人的人而言，他們看的是你的業績，業績就是你的實力和名片，你能給公司帶來的效益，並不是說你很努力就會把重要的工作交付給你，重要的工作自然是交給實力更高的人。關鍵還是我們自身的實力。

別抱怨自己沒有功勞也有苦勞，沒有苦勞還有疲勞。在現實面前，沒有功勞，你有再多的苦勞疲勞也只能化為烏有。你能做的，就是要用實力來證明自己，主動給自己創造被利用的機會。這樣老闆才能看到你的真正實力，才能下決心把艱鉅的任務交給你。

古羅馬皇帝哈德良曾經碰到過這樣一個問題：他手下有一位將軍，跟隨他長年征戰。有一次，這位將軍覺得他應該得到提升，便對皇帝說：「我應該升到更重要的崗位，因為我的經驗豐富，參加過十次重要戰役。」

哈德良皇帝是一個對人才有著高明判斷力的人，他並不認為這位將軍有能力擔任更高的職務。於是，他隨意指著拴在周圍的戰馬說：「親愛的將軍，好好看看這些馬，牠們至少參加過二十次戰役，可是牠們仍然是馬。」

可不是嗎？如果按照這位將軍的意思，這些馬早就該被封為大將了，可是牠們依然只是馬。僅從經驗和資歷並不能全部反映一個人的實力。如果想要邁入成功者的行列，甚至在某一天，富比士排行榜上赫然印著你的名字，就得充分展示你的硬實力。不然，就算他人有心提拔重用，你也會被他人取代，那個時候，自己臉上才更覺無光。

陳進在一家大型跨國公司擔任市場部經理，幾年來一直忙於日常事務，每天都要應酬不同的客戶，這樣一來，屬於自己的時間自然不是很多。而這期間，他的一名下屬通過自學拿到了管理碩士學位，學歷比他高，同時，在工作中也歷練了自己，能力比他強，銷售業績受到整個公司的稱讚。這種情況下，陳進的地位已經受到很大的挑戰。

在公司的一次外貿洽談會上，這名下屬表現色，一位眼光很高、很挑剔的大客戶對他十分看重，同時，他也贏得了公司總裁的青睞，從而取代了陳進的市場部經埋的職務。

有些人總是哀歎自己不幸運，我們不好直言；有些人總是感歎自己懷才不遇，我們不好直言；有些人總是感覺自己是當總理的料，我們不好直言。和牢騷滿腹的人在一起聊天其實很不痛快。這些人是十分脆弱敏感的，你最好什麼也別說。耐心聽他們說，不管有多無聊。

他們總是說：權誰不會用？錢誰不會花？車誰不會坐？會誰不會開？話誰不會講？……他們說的都是輕輕鬆鬆享受成功，而不是千難萬險去爭取成功！

成功需要真正的實力，這樣我們才能敲開成功的門。就像踢足球一樣，你要有扎實的腳下功夫，你要合理地運用戰術，你要有團隊配合，你要有實力將球踢到前場，踢到對方的危險區域，這樣才能創造出進球的機會和獲得勝利的機會。想要讓自己能在競爭激烈的社會中長期得到利用，就需要我們不斷地積累自己的實力，不能滿足於當下。每一天都有新的變化，自己不努力，總有一天會被別人取代。

成功不相信眼淚，成功不相信抱怨，我們要做的，是要讓自己充滿能為人所用的價值，用實力讓自己變得更加具有競爭力。

# CHAPTER 05

# 主動創造被利用的機會

# 能被利用，是一種幸運

聰明的人在被人利用的時候，不會整日埋怨說這個不公平，那個不合理，而是十分珍惜和享受這個過程，甚至還願意主動去尋找任何一個可能被人利用的機會。

一無是處的人看到這樣的情況，可能會覺得自己還挺清高的，他們會嘲笑那那些正在被利用的人，說出別人「下賤」或是「不顧尊嚴」的話。

其實，這只是一無是處的人自欺欺人的藉口。聰明的人會意識到，只有在被人利用的時候，才能學到更多，得到更多。至於那些一無是處的人則是連最基本的被人利用和欣賞的價值都沒有，根本不能得到別人的承認。

當我們在被人利用的時候，我們是幸運的。成功者的人生並不是早早地就被安排好的，在他們追求成功的過程中，免不了要被利用。有些人覺得，那些人的成功只是因為運氣好，成功者即使是受到打擊，也能將創傷消彌弱化，甚至還能轉化為利多的結果。

不可否認，運氣的確是取得成功的重要條件。在我們被人利用的時候，好的運氣能夠幫助我們擺脫困境，解決許多可能出現的難題，得到一個理想的結果。

運氣是在你被利用的時候才會光顧你的，天下掉餡餅的事人人都喜歡，但還得看你能不能接住，有沒有一塊能夠讓你去接餡餅的地方。每個人都希望成為幸運的人，做什麼事情都能化險為夷，成為業界的領航者。但是，天底下又哪有這樣的好事呢？

有一個叫高傑的男孩，她的母親是一家廣播電臺的主播，父親是一所大學的教授。在他的心裡，從小就埋下「想當優秀主持人」的想法，並希望擁有屬於自己的高收視率訪談節目。

他覺得自己有這方面的天賦，而周圍的人也認為他能夠實現這個夢想。因為每當他們與高傑聊天的時候，總是願意把一些憋在心裡的話說出來。高傑也覺得自己很有能力打造一個成功的訪談節目。但是他從沒想過怎樣才能實現這個夢想，只是覺得自己欠缺的是運氣。

他一直在默默地等待運氣的出現，渴望能一瞬間從待業青年變成節目主持人。結果什麼都沒發生。剛開始他還信心滿滿的，後來他變得越來越消極，也越來越懷疑自己的能力，漸漸變得頹廢。

四年後，他在看電視的時候，無意看到了一個老同學的節目，觀眾的反應都特別好，他查看資料才發現，這個節目已經排在了同類節目中的前列。

這個同學叫馬均，在高傑的印象裡，他並不是一個很出色的人，生活也一直很拮据，但是他怎麼就成功了一個著名的主持人呢？

原來，馬均來自一個偏遠的農村，獨自在外打拼的他，沒有穩定的經濟來源，所以，當他畢業後就開始到處找工作。但是，由於沒有經驗，三個月了還沒能收到一個錄用通知。他每天都關注有關招募的資訊，每一場他幾乎報名參加，所以感覺每天的內容好像沒有多大變化。

一天，他終於發現了新的動態，一個規模不大的公司正在招聘一名播報整點路況的廣播員，他趕緊投簡歷，然後去面試，結果很成功。他在那裡做了兩年，後來又到了一家規模大的廣播公司找到一份新的工作。不久前，他剛到電視臺參加工作，深受觀眾喜愛。當高傑看見他的電視節目的時候，馬均已經是一個優秀的節目主持人了。

沒有人願意將重要的任務放心地交付給一個毫無經驗的人。也許別人學歷比你低，外貌也沒你俊朗，但他們經驗比你豐富，這就是最有說服力的競爭利器，所以他們才能成為被運氣砸中的幸運兒。馬均利用被一個小廣播公司利用的機會，成就了自己的夢想，也成就了高傑沒能成就的夢想。

當有人利用我們的時候，我們才有機會去實現自己的價值與目標。不妨想一想，如果自己在很長一段時間裡都沒有工作，一直處於失業狀態，我們會是什麼樣的心情。沒人會覺得開心，每天會像發了瘋似的為工作而奔走，這不僅僅是為了生活的需要，更深入的想法在於，我們不想成為一個別人眼中的廢人，不想成為一個一無是處的人，不想成為一個放棄自己夢想的人。我們有著太多的不想，最終就是為了實現自己的目標，這就需要我們每一個人勇敢地走出去。

越被利用越幸運，才越有表現自己的機會，也越能為自己創造更多的機會。一個能夠取得成功的人，會以正確的態度面對「被利用」這件事，並積極發掘值得被利用的機會。沒有誰的成功是單靠想像就能實現的，都需要他人提供的機會與空間。

# 正確對待背黑鍋

「背黑鍋」不是什麼好事，但是在「利用」與「被利用」這種人際交往的現實世界中，我們要學會忍受這種不平等待遇，正確對待背黑鍋，學會為他人做嫁。

有時候，明明是自己一手促成了一樁交易，給公司帶來利潤，最後卻是別人邀功；有時候，給公司造成負面影響的事情明明跟自己一點關係都沒有，上級心裡也清楚，卻偏偏受到牽連。

方潔是一家鋰電池原料加工公司的生產線計畫員，負責每一台機器每天的工作內容，例如投什麼原料、投多少原料、機器工作時的溫度設置等等。一次，她所在生產線的一名員工在投放原材料時，誤把錳酸鋰看成鈷酸鋰投入混料罐中，既影響整個生產線的原料投放計畫，更耽誤了發貨時間，給公司造成了鉅額損失。公司的處理結果是：嚴厲批評該生產線的主任，並扣除該生產線各主管及員工當月的績效工資。

消息一經傳出，員工都在埋怨「一個人投錯了原料，憑什麼他們也要受到處罰」。員工的苦處在於，他們的基本工資很低，大部分都在績效工資這一塊。生產線主任十分為難，他很理解大家的心情。

這時候，方潔站了出來，對大家說：「其實主任在受到責罵的時候還在為大家爭取，希望公司盡量不要讓員工的利益受到損害。」

聽了她的話，員工對主任的怒氣消了不少。方潔接著說：「會議結束後，主任的心裡也很難受，他說了，會想方法讓大家的績效工資在下個月補回來。當然，這次事故的責任也不能全部落在主任的身上，我們大家也都有責任，尤其是那位投錯原料的員工。希望大家好好工作，把我們生產線的效益提升上去。」

由於方潔大部分時間都是在生產線上工作，與員工的關係都很好，她的話讓大家的心情平復了下來。接著，生產線主任又提出了自己的方案，進一步化解了矛盾，讓大家重新安心工作。

其實，處理這樣的意外事件並不在方潔的職責範圍內，但她的調解得到了大家的諒解，事件協調成功，也幫主任排除了糾紛。方潔在這件事情上的作用是不小的，車間主任當然也記在心裡，對方潔懷有感激之情。

當主管遇到困難的時候，能夠為主管排擾解難的人，自然更容易獲得升遷的機會。方潔心甘情願為主管效勞，為主管所用，主動地創造了一個被人利用的機會，正是一個聰明人的作為。

方潔的例子是其他員工給主管造成麻煩，自己卻主動去幫主管化解難題。還有些時候，明明是主管處理問題不當而造成了損失，在追究責任時卻都讓你承擔。這時候，能裝糊塗就裝糊塗，不要去據理力爭。如果你面對的是一個不合格的主管，就算你硬是幫自己掙回「清白」又能怎麼樣？說不定主管覺得自己面子上掛不住，未來不時地對你找碴也是有可能的。

聰明的主管，心裡跟明鏡似的，如果他們將責任暫時推到你身上，說不定是有原因的，這時候，你完全可以幫他們分憂解難，做一個得力的下手，也可借這個機會證明自己處理突發狀況的能力。

「背黑鍋」是創造機會被人利用的一種方式，是展現自身利用價值的一種手段。但是，在替人背黑鍋的時候，也要有原則，不能什麼黑鍋都往身上攬，更不能讓別人能夠把黑鍋很輕易地扣在你的身上。

王宏是一家進出口貿易公司的業務員，在別人眼中，他是一個老實人，主管也喜歡把各種責任怪在他的頭上。本來，王宏還以為這樣能拉近與主管的距離，就算被利用了也情願。

結果不到半年的時間裡，他就為主管背了四次黑鍋。

就這樣，王宏簡直成了一塊擋箭牌，「背黑鍋」似乎成了他主要的任務。對於背黑鍋，他的想法是「這些事情並不是自己馬虎或能力不夠而造成的，而是在幫主管解決問題」，並認為今後在工作時肯定能順利很多，自己問心無愧。

公司又接了一個新的訂單，主管有意讓王宏負責，當合作對象得知後，馬上致電表示反對，他們認為王宏做事不認真，把訂單交給他負責，他們不放心。

原來，王宏這個「黑鍋王」已是名聲在外了，大家對他的看法，就是一個不負責任的形象。對此，王宏也是啞巴吃了黃連，心裡有苦也說不出。看來，他想在這個行業想立足，是不太可能的了。

人的信譽和口碑是很重要的，人們口中常說的「攢人品」為的就是用在關鍵時刻。糊裡糊塗地老是幫人背黑鍋，並不能提升自己的人氣和影響力，只給人留下一個不負責任的印象，最終受到傷害的還是自己。幫主管「背黑鍋」來換取個人的某種利益，並不是一種光彩的做法，而且得不償失。

因此，對於「背黑鍋」，我們要有十分清楚的認知，關鍵在於要明白責任取向。一般說來，上級發佈有關工作的指示，下屬奉命執行，若最終結果南轅北轍，首先要分析原因所在，再確定責任的大小輕重。如果是因為下屬的執行不力，那麼作為下屬，應當主動地承擔責任，這是最基本的工作態度，也是責任感的表現，不能稱之為「背黑鍋」。只有勇於擔當，並努力將功補過，才是積極正確的態度，才會讓主管認為你是堪用之才。

如果錯不在己，千萬不要示弱，一則是後果承擔不起，再則是避免黑鍋一而再、再而三的上門。對於莫名的黑鍋要勇敢拒絕。身在職場，必要的決斷和勇氣是必不可少的。

「背黑鍋」也是一門學問，什麼時候能背？該怎麼背？不能只是當單純的替罪羔羊。既要抓住時機，又要做到心裡有數；既能幫助主管解決問題；又要能為自己的發展搭建一個平臺。當「黑鍋」降臨的時候，我們不能被它打亂了陣腳，要清楚這個「黑鍋」到底有多大，有多黑，在不在自己的承受範圍，量力而行。可以背的「黑鍋」就要完美的處理好，不可以背的決不妥協。

# 如何展現自己的利用價值？

機會與我們的人生息息相關，當我們努力工作、為人生奮鬥的時候，如果能夠得到一個偶然的機會，就能一改我們被動的局面，做起事情來都變得應付自如。

然而機會並不會無緣無故地從天而降，任何一個可能出現的機會都是自己努力的結果。有的人在看到別人風風火火的時候，對自己說：「我的機會還沒到，下一個成功的人該是我了。」他們只是靜靜地等著，希望一個機會幸運地掉在自己頭上。

機會是等不來，它必須依靠我們的努力創造才能獲得；機會也是平等的，重點在於你知不知道怎樣去尋找它，將它變成人生成功的墊腳石。主管不會毫無理由地看中我們的才華，我們應主動爭取表現自己的機會。當機會出現的時候，也需要我們擁有把握機會的能力。

也許我們還在做一些基層的工作，還沒有完全發揮自己的特長和能力，所以我們更要努力地爭取機會，讓別人能夠更順理成章地利用我們，充分展現自己的能力，變成別人眼中的「幸運兒」。

以下是幫助我們創造被人利用機會的方式與技巧。要記住，一個人的力量是有限的，只有在被人利用的時候，我們才有運氣可言，有了機會，我們才能走得更遠。

**1.時刻保持良好的精神狀態。**

一個人精神狀態的好壞，直接反映出他對工作的熱情，也會對周圍的人帶來一定的影響。保持一個好的精神狀態，保持渴望不斷迎接新挑戰的熱情，才會有更多的機會表現自己。如果你給主管的印象總是一副疲憊、懶洋洋的樣子，肯定不會得到他們的欣賞，只會對你的工作能力表示懷疑。

**2.要不斷提高工作效率。**

在工作場合裡，不要覺得只要準時完成就好，你要試著運用自己的技巧提高工作效率，讓主管知道，你是一個十分投入的人，一個有進取精神的人。

**3.要有勇氣去凸顯自己的能力。**

有的人把『謙虛使人進步，驕傲使人落後』視為行事的座右銘，凡事都講求不露鋒芒，就算功勞都是自己的，也會分給別人。太謙虛只會讓自己表現出來的實力大打折扣，需要張揚的時候就應該張揚，驕傲是因為自信，而不是自負。當主管有新的工作安排或崗位有所調動的時候，應勇於毛遂自薦，爭取更好的機會，讓公司知道你能帶來的利益，這樣才能受到公司的重視。當然，在這之前也要評估自己的能力，不能只是為了出風頭而胡亂吹噓，否則只會讓別人對你的形象大打折扣。

### 4.做事情要有自己的見解。

主管需要的不是像機器一樣的下屬，發出什麼樣的指令，就一一按指令操作。如果你發現了一些不合理或可以進一步改進的地方，應該及時向主管反映。既能為公司利益著想，又能有獨到見解的下屬，不會被精明的主管長期冷落，總會得到上位的機會。

### 5.不斷充實自己，讓自己有接受新挑戰的能力。

想被人利用就需要有被人利用的能力，當你有自信做好一件事情的時候，可以勇敢地向主管提出來。例如，你的英語口語能力很強，已經能和外國人輕鬆交談，當主管某一天接待外國客人的時候，你可以提出為他們翻譯的要求。如此既能滿足主管的需求，又能讓他們意外地認識到你另一方面的能力。

某著名外資企業破例聘用了一位剛畢業的女大學生，讓他們改變主意的起因只是一個小小的細節：這個學生當場拿出了兩塊錢。

原來，當時的那個女大學生因為沒有工作經驗，在面試第一關即遭到了拒絕，但她並沒有氣餒，一再堅持。

她對主考官說：「請再給我一次機會，讓我參加完筆試。」主考官拗不過她，就答應了她的請求。結果，她通過了筆試，由人事經理親自複試。

人事經理對她頗有好感，因為她的筆試成績最好，不過，女孩的話讓經理有些失望。她說自己沒工作過，唯一的經驗是在學校掌管過學生會財務。

找一個沒有工作經驗的人做財務會計不是他們的預期，經理決定收兵：「今天就到這裡，如有消息，我會打電話通知你。」女孩從座位上站起來，向經理點點頭，從口袋裡掏出兩塊錢，雙手遞給經理：「不管是否錄取，請都給我打個電話。」

經理從未見過這種情況，問：「妳怎麼知道我不給沒有錄用的人打電話？」

「您剛才說『有消息就打』，言下之意就是沒錄取就不打了。」女孩從容地說。

經理對這個女孩產生了濃厚的興趣，問：「如果妳沒被錄取，我打電話，妳想知道些什麼呢？」

「我想請你們告訴我，我什麼地方沒能達到你們的要求，在哪方面不夠好，這樣我好改進。」女孩微笑說，「給沒有被錄用的人打電話不屬於公司的正常開支，所以由我付電話費，請您一定打。」

經理也笑了，說：「妳把兩塊錢收回，我不會打電話了，我現在就通知妳：『你被錄用了。』」

我再講一個案例，你看完之後，就會更明白了。

小華是一個對商業廣告極有研究的人，且善於在無機會中創造機會。他以求職為目的去拜訪一個大公司經理，但是會面之後，他始終沒有把自己此次拜訪的目的說出來。在與經理談天的過程中，他盡量把廣告對於商業的重要及其運用的方法說出來，舉了許許多多有力的例子。

他豐富的知識和經驗，在談話中引起了經理的興趣和賞識。就這樣，他完全不需要提出謀職的要求，經理反倒主動請他替公司試辦設計廣告的事務。他的目的達到了，僅憑一席話為自己創造了機會。

# 不願意求人，難以被利用

「求人不如求己」、「我從來沒有求過別人」、「我最討厭的事就是求人了」、「求人的時候感覺很沒面子的」……我們經常聽到周圍的人說出這樣的話，自己也可能對別人說過。面對激烈的競爭，我們不妨仔細想想，這樣的觀點真的可取嗎？

不去求別人，怎麼得到被別人利用的機會？聰明的人知道如何去求人，在被人利用的時候實現自己的目標。

一個小女孩在踢毽子，由於力道稍微大了一點，把毽子踢到樹枝上了。她又蹦又跳就是搆不著，舉著一根小竹竿也還是搆不著。這時候，一個路人正好經過，笑著對她說：「妳如果拿一根更長的竹竿，肯定能搆得著。」

小女孩真的拖來一根更長的竹竿，但是力氣又不夠，根本舉不起竹竿，還是不能把毽子敲下來。

路人又說：「妳還不夠大，不夠高，讓我舉起妳，妳就能拿到毽子了。」說著，便將小女孩托了起來，舉過頭頂。

只要小女孩一伸手，的確就能將毽子輕鬆地拿下來，但是，她想起了媽媽經常對她說的話：「以後做什麼都需要靠自己的力量。」她大聲地哭了起來：「放我下去！放我下去！」路人無奈地放下小女孩，縱身一躍，幫她把毽子拿了下來，但小女孩並不高興。她又吃力地把毽子往上一拋，毽子又掛在了樹枝上。然後，她吃力地擺弄起竹竿，想把毽子敲下來，卻怎麼也搆不著，又急得哇哇大哭。

不願意得到別人的幫忙，並不只是一些天真小孩子的想法，很多大人都有這樣的觀念。每個人都希望自己是完美的，就是遇到困難也不願請求別人幫忙，最怕在別人的面前突然矮了半截，所以，不到非常時期，不願主動提出要求請別人幫忙。有時候，別人都已經好心好意提出幫忙，我們又想「人情債，最難還」，就揮一揮手，說自己能夠解決，讓他們回去。

個人的力量真的很單薄，就算是再強大的人，單靠自己的力量也是無法克服困難的。在工作和生活中，每個人都需要其他人的　明，俗話說得好，「一個好漢三個幫」就是這個道理。但是許多人都覺得讓別人，甚至是自己的親人幫助自己，是一件不好意思，甚至是件丟人的事情。這是不對的。假如我們在前進的路上遇到的一個大石頭，擋仕了去路，一個人搬不動，爬不過去，怎麼辦？放棄不甘心又走回頭路，與其怨天尤人，倒不如找人幫忙移開石頭，或者請人幫忙自己爬過去，都是可行的。

誰不會遇到一點麻煩事呢？如果不能創造一些被人利用的機會，想成功談何容易。

那麼，為什麼這麼多人討厭主動去求人呢？總結起來，大致有以下幾個原因：

1.他們認為求人就是一件很丟臉的事。在求人時候，自尊心和自信心會受到傷害，覺得只有能力差、實力不行的人才會需要得到幫助。因此困難再大，他們也不願意讓別人幫助，在他們看來，這種幫助是一種「施捨」，是對他們自尊心的一種踐踏。

2.他們沒有求人的技巧。以往他們求過幾次，都失敗了，時間長了，再遇到困難也就不敢向別人開口，害怕他們再一次遭到無情的拒絕。他們缺乏尋求協助的技巧，也不願去研究技巧。

3.他們認為不求人是因為自己有骨氣。自認人窮志不能窮，這只是一種精神勝利法，一種自我麻醉。

4.他們害怕接收別人的幫助就得欠下人情債。在意別人付出的同時，也在意自己可能的付出。人情債是最難還的，他們擔心提供幫助的人在將來的某一天也需要幫助，而那時候，他們需要付出得更多。

不求人的人看起來是在堅持崇高的氣節，實際上是他們極度不自信的體現。他們擔心因此而給別人利用自己的藉口，未來別人要求他們做什麼都不好拒絕。

其實，在這個社會分工越來越細的時代，沒有人能夠僅憑自己一個人的力量就取得成功。一個人的力量是有限的，我們需要合作和交流，在利用與被利用的過程中與人截長補短，充分發揮每一份子的價值。

當然，求人的時候要有求人的姿態，但並不意味著你從此就低人一等，在別人面前抬不起頭來。因為從根本上講，求人實則是在進行一場利益的互換，只要你是一個有價值、有前途的人，別人也樂於在你需要拉一把的時候拉你一把。

有時候，求助別人反而能表明你對別人的信賴，能讓關係融洽，加深感情。例如你身體不好，你同事的丈夫是醫生，你不認識，但你可以透過同事的介紹去看病，以便診得快點，診得細點。倘若你偏不肯求助，同事知道了，反而會覺得你不信任人家。你不願意請人協助，人家也就不好意思求你：你怕人家麻煩，人家就以為你也很怕麻煩。良好的人際關係是以互相幫助為前提的。因此，求助他人，在一般情況下是可以的。當然，要講究分寸，盡量不要使人家為難。

摘下罩在你眼睛上的那層虛假的清高面紗，讓心靈變得強大起來。在需要幫助的時候勇敢地向他人提出請求，要想不被失敗打敗，不被眼前的困難擋住前進的道路，就要學會求人，為自己創造被利用的機會，這樣才不至於讓你淪為平庸之輩。

# 善利用人者將更幸運

創造被人利用的機會，實現自己的價值固然重要，我們也應學會創造機會去利用別人，通過互助互用，達到彼此的目標。

被人利用的時候，我們是幸運的。同理，當我們能夠利用他人的時候，會更幸運。如果你是一個管理者或一個渴望取得成功的人，更要學會如何正確地利用他人。

每個人本身就是一種資源，如果我們用好這種資源，必然能給自己帶來更多的益處。

不久前，小張被提升為公司的部門經理。他已經在這家公司工作了好幾年來，對他而言，也算是有了出頭之日，從此，他對工作更加勤奮，近乎總是處在一種亢奮的狀態。每一天，他不想耽誤了一分一秒，甚至在走路和吃飯時手裡也是拿著公司的工作專案表，忙個不停。

小張是一個做事十分仔細負責的人，當了部門經理後，只要是自己職責範圍內的事，不管大小，他都會親自做主，擔心別人會出什麼差錯。

雖然小張很努力，也想著給員工做一個表率，可每次他下派新任務時，員工總是這樣一套話：「經理，我們已按照你的指示做了，進展是有一些，不過任務還沒有完成，我們需要再多些時間，而且還需要再多些資金……」

天哪！小張時時感歎，自己累得精疲力盡，結果總與想像中背道而馳。工作的進展不大，人倒是瘦了好幾圈。終於有一天，他實在扛不住了，累倒在了辦公室了。當他緩過神來後，他選擇了休假，董事長看著他，給他講了一個故事。

一個人置身於沙漠之中，在這種惡劣的環境中，我們都知道一個重要的生存條件就是水源，人類行走在撒哈拉沙漠，在惡劣的氣候中，都知道取決於生存與否的最主要因素是水源。如果碰到了饑渴難耐而且絕望的時刻，人的求生欲望會大大減弱。不過，並不是沒有辦法找到水源，有一種小猴子，就能完全派上用場。

這種小猴生在沙漠之中，對於水分的需求很小，幾乎不需要水源便能存活。由於小猴子一直在適應的沙漠氣候中生活，所以它們尋找水源的能力也遠遠超過已知的其他任何沙漠生物。有時候，當人們面臨連駱駝都無法找到水源的狀況時，就會盡可能強制餵食小猴子大量的食鹽。這樣，小猴子因為體內鹽分的代謝，而產生迫切需要飲水的渴求，然後憑藉它們尋找水源的天賦本能，就會引導饑渴難耐的人們找到迫切需要的綠洲……

董事長意味深長地說：「你的確對工作投入了很多精力，不過並不需要什麼事都自己去做。善於利用他人的思維也許效果會更好，工作起來更輕鬆。他人就如故事中的「小猴子」，土著們合理利用了它的天性，讓「小猴子」不知不覺中成了成功的階梯。你也不妨試著學學土著們，讓「小猴子」為成功多效勞！」

雖然只是一個小故事，卻耐人尋味。董事長的一番話讓小張深受啟發：並不是我不努力，而是在管理的方法上出了問題。

回去後，小張一直在琢磨董事長的話，第二天上班的時候，他一改過去的工作方式，把工作一一分配給相應的工作人員，自己下子輕快了許多。下班時，他開始檢查工作進度，讓他頗感意外的是，他們的工作效率比以往要高很多，每一個人都做得很出色。

一段時間後，小張帶領的部門業績快速提高。這種善於利用他人思維的方法，激起了員工對工作的熱忱，燃燒起了員工的工作激情，而小張也變得更加愜意。

聰明的人總能夠利用別人的力量取得成功，一個優秀的管理者，不是看他能做多少具體的、實實在在的事務，而在於他如何最大限度地發揮下屬的力量，使獲得的效益達到最大值。畢竟一個人的力量是有限的，就算的精力再充沛，也不可能做完所有人該完成的工作。

在我們周圍，也不乏身處管理崗位的人，他們也知道利用別人做好工作的重要性，但有些事情就是不放心讓下屬去做。他們認為，自己才是做好這件事情的最佳人選，有一種高人一等的滿足感和優越感。

但是，這樣的話，就會出現一個問題：當他們的下屬再次遇到類似的問題時，還是不知道該如何去解決。或者是下屬已經知道怎麼去做，能夠獨當一面，但他們還是不給下屬獨自完成任務的機會。

這樣的後果是很嚴重的，他們會覺得在這樣的管理者是自私的，在他們的手下做事，根本不能發揮自己的能力，更別提實現自己的價值了。一個有能力的人是不會一直讓自己被閒置的，時間一長，他們會厭倦現有的工作，產生不滿情緒，和管理者的矛盾激化，最後肯定是另謀高就。這樣的管理者雖然個人能力很突出，但不能讓下屬各有所為，他們擔心下屬由於工作出色而在某一天頂替自己的位置，只能讓人覺得他自以為是的傢伙。

不管是管理者還是被管理的人，都應該懂得利用各自的優勢和特長。管理者可以利用下屬的不同能力實現效益的最大化，被管理的人可以利用管理者提供的機會充分展示自己的能力，得到更多的人的認可。

一個人也好，一個集體也罷，不要嫉妒別人的能力比你強，而應懂得借助他人的力量與智慧，為我所用。當對方的優勢正是自己的劣勢的時候，不妨創造機會，借助對方的優勢來給自己創建一個更廣闊、更平坦的平臺，打通走向成功的道路。

# 投資感情，創造被利用機會

在追求成功的道路上，一個能被人利用的人是幸運的，因為他擁有展現自己的機會。如果想讓別人更好地利用你，給你一個更大的平臺，進行一定的感情投資是必不可少的。

不管是歷史還是現實，凡是在事業上能有一番作為的人，他們身邊總是有一群榮辱與共、不離不棄的人，這些人無一不是利用感情投資掙回的強大實力後盾。

從事感情投資，必須謹記「施」比「受」更重要。「施」出去不一定是金錢，有時候，一句溫暖的話，一個友好的手勢，一個肯定的眼光都會使對方感到你的誠意，從而對你銘記在心，當他們有能力給你提供平臺的時候，會是樂意的。一個善於感情投資的人，能得到更多人的利用，也會有更多實現自己價值的平臺。

許多人都說感情不是用金錢來衡量的，一點也沒有錯，但在這個處處需要人情的社會，人們仍然會不自覺地對感情進行一下投資。正所謂「投之以桃，報之以李。沒有春風，喚不來秋雨。」感人心者，則莫乎於情。也有人說：「世界上最難征服的是人心，世界上最易打動的也是人心。」因此，攻心為上，選擇感情投資是籠絡人心的最好策略。對於想要成功的人來說，「感情投資」可謂一本萬利的買賣。

唐駿被人譽為「打工皇帝」，他在一九九四年剛進微軟的時候，還只是一個編寫代碼的普通工程師。那時，微軟總部裡大部分的員工都是來自美國本土，這些美國人的家庭觀念很重，在他們眼中，上班只是賺錢的方法，工作之餘也極少和同事交朋友。

唐駿對這種現象感到有些難以理解，他決定不管別人是怎麼做的，他還是按照自己的習慣處理與同事的關係。對於那些曾經在工作上幫助過自己的同事，遇到逢年過節的時候，他都會發一封郵件向他們表示感謝和祝福。雖然這只是一個極小的舉動，似乎可以忽略不計，但在人際關係比較淡漠的微軟，卻給別人留下了難忘的印象。

勞麗・羅娜特是微軟總部的一位部門經理，工作上，她曾給予唐駿的部門相當大的支持。後來，在公司內部錯綜複雜的矛盾鬥爭中，羅娜特很不幸，她從經理一下子就變成了一個普通的員工。那些原來圍在她周圍的人都紛紛離去，她變得孤單了許多，午餐時也只有自己一個人在一旁吃，沒人上來打招呼。

但是唐駿沒有忘記她，他還是像以前一樣，逢年過節時給她發去問候的卡片，工作上也經常與她進行交流。因為唐駿認為，人不能忘本，不能太勢利，對於那些曾經幫助過自己的人，要懂得回報。

過了一段時間，事情又發生了變化。原來，羅娜特當初是從IBM跳槽過來的，她原來在IBM時的頂頭主管此時也被微軟挖過來了，並當上了微軟的副總裁，羅娜特也因此一下子升任副總監。這時，許多人又圍著她轉了起來，但唐駿還是跟以前一樣，對她保持原來的友好狀態。

一九九七年，微軟決定在上海建立全球第五個「技術支持中心」，總部為此在公司內外公開徵求總經理，全球有一萬八千人報了名。唐駿對此沒有過多的興趣和奢望，也就沒有報名應徵。

面試下來，公司評委們對應徵者都不滿意，評委之一的羅娜特女士，忽然想到了唐駿，並邀請唐駿應徵。唐駿也順利地通過了八輪面試，成了微軟大中華區技術支援中心的負責人。

唐駿從微軟一個普通的部門經理，一下子成為一家海外機構的總經理。顯然，這與羅娜特女士的大力支持是分不開的。唐駿的成功，在於他以誠待人，用愛心為他人付出，所以他人也把機會回報給了他。

為人處世是一門大學問。在與別人相處的過程中，如果能做到與人為善，建立和諧友好的人際關係，便較容易得到貴人相助，在人際關係中如魚得水，左右逢源。

世界級的成功大師們都講過這個道理：「樂觀、愛心和感恩，構成了一個人最好的心態，也必定為人帶來良好的人際關係和事業上的成功。」而那些成功的人，也都具有「幫助別人不求回報」的天性。他們總是真誠地關愛別人，然後贏得了人心。

天獅集團對離職人員，不管是個人主動離職的還是被集團解職的，人力資源部都要與之談話，問他們為何離開？如果時間能倒退，企業怎樣做才能留住他？並請他們填寫離職檔案，留下他們的意見，講出離開的真實原因。員工離開時，集團公司還要通過不同形式進行歡送，讓員工離開得非常愉快。

在當今企業界被譽為「經營之神」的日本著名企業家松下幸之助，也是一個注重感情投資的人，他曾說過：「最失敗的主管，就是那種員工一看見你，就像魚一樣沒命地逃開的主管。」

松下幸之助每次看見辛勤工作的員工，都要親自上前為其沏上一杯茶，並充滿感激地說：「太感謝了，你辛苦了，請喝杯茶吧！」正因為在這些小事上，松下幸之助都不忘記表達出對下級的愛和關懷，所以他獲得了員工們一致的擁戴，他們都心甘情願地為他效力。他不僅是利用感情投資創造被利用的機會，更是在創造成功利用他人的機會。

中國古人說的好：「得人心者得天下」在這裡不妨把這句話改成「得人心者得機會」。將心換心，你會得到更多被利用的機會。

# 雙贏是最完美的利用關係

在利用與被利用的人際關係中，很容易遇到這樣的情況：既要滿足自己的要求，又要滿足別人的需要，這實在是一個讓人頭疼的問題。從各自需求的角度講，能夠實現雙贏，將雙方利益最大化無疑是最完美的結局。如此一來，雙方便能夠各取所需，得到計畫中的好處。

一個人，如果懷著一顆無私的心為他人所利用，他自己也會獲得好處。我們需要考慮的是如何去更完美地幫助別人，而不只是想著從別人身上得到什麼好處。只有不斷創造被人利用的價值，才能創造出利用別人的價值，才能為雙贏打好基礎。

我們在老闆手下為公司辦事，希望能與公司共同成長，當然，公司也希望能有更好的發展。我們關注公司的成長與發展就是關注自己的成長與發展。與公司一起成長，參與公司的奮鬥過程。能夠有這種想法的員工更容易獲得成功。而且，這樣的員工也是企業最看重、最需要的。

一九九九年底，李彥宏抱著複雜的心情從美國矽谷回國創業，他決定要做中文搜尋引擎。「眾裡尋他千百度，驀然回首，那人卻在燈火闌珊處。」辛棄疾的這個名句給了他某種靈感，他為自己初創的網路搜尋引擎取名為「百度」。

五年多過去了，二〇〇五年八月五日，百度股票在美國納斯達克正式上市發行，發行價二十七美元，開盤價是六十六美元。之後一路狂飆，到交易首日收盤時，百度股價定格為一二二・五美元，市值達到三九・五八億美元，股價漲幅達到了百分之三百五三・八五！創造了美國股市二〇〇三年以來外國企業首日漲幅的最高紀錄，並成為美國歷史上上市當日收益最多的十大股票之一。

「不鳴則已，一鳴驚人。」六年的苦苦追尋與堅持，李彥宏成功了，他和百度以近乎完美的形式向世人彰顯了新經濟的魅力。百度上市，企業瞬間造就了八個億萬富翁，五十一個千萬富翁，兩百四十個百萬富翁。而此時，百度員工的平均年齡只有二十三歲。

透過合作取得共贏說起來是很容易，很多管理者也常常把這個掛在嘴上，但真正能做到的又不多，很多人只會考慮自己的利益，勾心鬥角、各自為營是很常見的現象。

雙贏的管道實質上就是互利互惠，你幫助別人，別人也願意幫助你。你提供了收益給別人，別人也會提供收益給你。當你幫助別人實現了價值，協助別人獲得了更大的價值提升，就能夠使自己實現事業上更大的突破與成就。相互交換價值的過程同時也是一個實現自我目標、提升自我價值的過程。所以，對於創造真正的財富來說，最重要的並不是金錢，金錢只是一個工具，價值的交換才是創造財富的關鍵。

雙贏不是簡單的一加一等於二，是將個人成長與公司發展建立在合作的基礎上，並融為一體。不管在什麼領域、什麼位置，我們都要努力為自己創造合作雙贏的機會。如果走在街上，熱情地與對面的來人打招呼，就會贏得陌生人的回應；如果伸出手問聲「你好」，那麼你會獲得一次握手的機會，同時也獲得「你好」的回報。如果真誠地向他人請求幫助，就能獲得幫助。利用是相互的，不要太計較一時的得與失，從長遠著眼，共贏才是利用的最完美境界。

我們不論是在商場還是在職場，都存在激烈而殘酷的競爭。與老闆、與客戶、與同事、與下屬、與對手，都要擺正競爭與合作的關係，以利人利己的共贏思維去做大做強，「殺敵一千，自傷八百」的結局不是我們希望看到的。

想實現雙贏，就要學會站在對方的角度去思考，找出一個可以讓雙方都滿意的平衡點。如果只站在自己的角度看問題，不僅解決不了問題，還會浪費更多的時間和資源。「退一步海闊天空」，人生不一定處處都會贏，雙贏作為一種觀念，不是先「取」後「予」的關係，而是先「予」後「取」的關係。利人才能利己，把對方的利益先加考慮，然後通過對方利益的獲得使自己獲取利益。

雙贏是處理問題的最佳方式，也是任何人都希望看到的最佳結局，是一種最完美的利用。在人際交往中，我們要學會去理解別人，為別人著想，並抱持非常恰當的態度，採取一個非常恰當的策略，給自己創造被利用的機會，讓自己與對方能夠同步發展，這樣一來雙方也感到滿足和快樂。既然這樣，我們何樂而不為呢？

# CHAPTER 06

# 讓自己快樂地被人利用

# 被利用時笑一笑

「最近過得怎麼樣？」

「唉，能好到哪去，還不是給別人打工，瞎混吧。」

這樣的對話在我們身邊到處都是，但可別因為常常聽到這樣的抱怨，就覺得很正常，而隨波逐流了。這樣的牢騷，顯示了懈怠和進取心的消退，是一個危險的信號。

從過去到現在，藉由被人利用而取得成功的人多得數不清。話說回來，誰不被人利用呢？我們為別人做事，就說明了有人不願意做，所以由我們去做，像這種利用正是在顯示自己的能力，你有什麼理由拒絕這個機會？

被利用的時候笑一笑，會給自己帶來動力和希望，我們應清楚地了解到自己的現狀，知道自己該做些什麼。這時的笑，能把不必要的煩惱統統甩掉，帶給我們信心和力量。

每個人的人生道路都不是平坦的，不知道有多少未知的坎坷和磨難等著你。聰明的人會時刻提醒自己，不管前面有多苦多累也要笑著面對。被人利用時也一樣，沒有翻不過的山，沒有跨不過的坎，一笑而過就好。

輕輕一笑看起來好像簡單隨意，但對於陷入其中的人而言，這並不是一件輕鬆的事情。他們如履薄冰，生怕遇到意料外的狀況而不能及時應對。他們就算笑了，也常是一種對自己未來不明確的苦笑。

笑是一種調節情緒的手段，並不僅有心情好的人才會發出笑聲，當你心情不好的時候，對自己笑一笑，想一想美好的未來在等待著你，會讓還在被人利用的你充滿信心和勇氣，橫亙在眼前的小困難就不會像高山那樣讓你難以逾越。

不要覺得苦中作樂是欺騙自己，這只是我們在被人利用時的一種良好心態，一種自己激勵自己、鼓勵自己的好法子。

王濤在國外是學經濟管理的，屬於有德有才的類型。按說像他這樣的海外學子回國後應該能找到一份體面的工作，可他就是不想被人差使，一直想著自行創業，自己當老闆，連續失敗了好幾次。後來在朋友們的一再勸說下，才決定出來找工作，至少先養活自己。

面試了幾家公司後，他都不滿意，不是覺得公司太小，就是認為公司沒有發展前景，最後只好將就著先在一家公司工作。

一天，經理剛好有急事需要去處理，囑咐王濤替他招待一個英國客戶。作為一個留學歸國人士，說出一口流利的外語與老外交流自然不難，但他也不知道是經理在考驗他呢，還是真的這樣信任他，才會交給他這樣一個重要的差事。他的心裡想著「這件事不在自己的工作範圍，談好了也都是經理的功勞，談不好的話可責任就全在自己身上了。」他覺得老闆可能與這個客戶有什麼過節，想利用他來達到什麼不可告人的目的。

猶豫不決的時候，他打電話詢問了一個朋友。朋友說：「一個人活在世上就是要被人利用，這樣說明你有價值，能給別人帶來好處。你要是沒有，人家還懶得用你呢。」

王濤轉念一想，還真是這樣，自己有這個能力經理才會把事情委託給他。第二天，他認真地招待了那位英國客戶，受到對方的大力好評，當即就決定要進一步加強與公司的合作。經理得知後也十分滿意。

一年後，公司業務範圍擴大，需要開拓海外市場，王濤成為海外分公司的主要負責人之一。剛剛開拓新的海外市場，有苦有累是肯定的，難免碰到許多問題，但王濤總是信心滿滿，微笑著迎接每一個挑戰，克服每一個困難，終於開拓了一片新天地。

在職場中，每一個老闆和人力資源經理都希望能以最好的性價比招聘到最合適的員工；而作為應徵者，則希望能找到既能滿足自己的職業生涯願望，又能得到最佳報酬的工作。這裡就產生了一個矛盾，或是說像是一場賭注——作為職場的供需雙方，在追求個人利益最大化時，必然會有一個和對方利益衝突的過程。但不管怎麼樣，只要你被利用了，就說明你對別人來說是有價值的，這是一件值得慶幸的事。

利用與被利用的關係，處處存在。被人利用不但不是壞事，若能在被利用中獲得機遇，你等於成功利用了那些利用你的人。被利用的時候，一定要調整好自己的心態，保持一顆積極而進取的心。

我們是為了實現自身的價值而生存的，如果不能被人利用，就永遠也不能展現自己的能力，也找不到自己可以生存的空間。在被利用的時候笑一笑，是一種智慧的體現。

人生苦短，在被人利用的困境中，你更需要把心放寬，大聲笑一笑，因為笑容總會給你帶來希望，笑容也會把所有命運的陰影踩在腳下，擁抱你的終會是燦爛陽光。

被利用的時候，我們不僅創造了價值，更體現了自己的價值。也許，當我們明白自己是在為誰工作的時候，我們就不會對被利用存有偏見了。我們不僅僅是為了簡單的生活，如果是為了那樣的生活，那些富豪們早就可以享受人生了，何必還在那裡勞心費力？人都會有更高的追求，有實現自己價值的願望，不僅為了滿足自己的物質需要，更要滿足精神需要。這時候，我們該知道，被利用是一個提升自己的平臺，站在這個平臺上，再苦再累，我們也該笑著面對。

笑是煩惱的稀釋劑，沒事的時候笑一笑，展示自己能夠解決一切困難的魄力；有事的時候笑一笑，提升自己處理任何問題的勇氣。在被人利用的時候，只要笑著去面對，每一天都是新的開始，每一天都是美好的一天。

# 學會控制情緒

有些人在發現自己被人利用的時候會情緒失控，結果弄得場面無法收拾，雙方不歡而散，事情自然也辦不成；有的人能夠控制住自己的情緒，明知被人利用也能夠妥善應對，從而達到雙方都能滿意的結局。

其實被人利用並沒有我們想像的那樣讓人無地自容，當沒人願意利用我們的時候，我們才應該認真地反思：為什麼我不能得到別人的利用和青睞？被人利用了，我們越表現得沉穩，就越能夠靈活應付，也就越有取得成功的機會。

一個人的情緒很容易受到外界環境的影響，有時也會自己跟自己過不去，如果因為沒能控制好情緒，讓原本可以解決的問題變得越來越複雜，那就是既丟了芝麻，也丟了西瓜，完全無法取得應有的成果。

一間工廠因為擴大生產規模，要新建一幢大樓。許多工程承包商都希望得到這個專案，但經過層層篩選後，只有甲、乙兩個承包商得到了認可。工廠邀約請這兩間承包商參與公開招標。

兩個承包商得到消息後，都開始做準備。乙承包商探知甲承包商三人中有兩人水準一般，只有一個技術員不僅具有豐富的建築知識和施工經驗，而且口才也是一流。要想戰勝這樣的對手，正面交鋒自然不是一個可取的辦法，於是乙承包商採取了一些策略。

雙方一見面，乙隊的三人就熱情地向甲隊之中那兩個勢力平平的人致意和問候，故意忽視那位優秀的技術員。果然，技術員輕易地中了他們的招。接著他們又開始恭維那兩個人說：「兩位可是我們業界頗負盛名的人物了，聞名不如見面，還希望兩位能夠高抬貴手呀！」

被冷落在一旁的技術員聽了這些話，自尊心受到極大的傷害，一肚子都是火。當招標開始，乙隊又搶先謙恭地對那兩人說：「我們今天就是抱著向兩位學習的態度來的，趁著今天這個難得的機會，還請兩位多多指教。」

還不等這兩人開口，那位憤怒到極點的技術員呼地一下站了起來，說：「好，就你們有本事！你們談！我先走了。」並當即離開了招標現場。拋下兩個措手不及的同事。

此情此景，廠方代表都看在眼裡，說：「像他那樣的技術員，我們怎麼敢信賴呢？」於是廠方同乙隊簽訂了承包協定。

協定剛一簽定，那位技術員便氣喘吁吁地跑了回來，大喊：「我們上當了！」可惜為時已晚。

當自尊心受到強烈的傷害時，往往會引起不滿而引發過激的行為，甚至中了別人設計好的圈套。

所以，當我們意識到自己被人利用的時候，千萬不要因此大動肝火，使自己失態於人前，即使能夠當場發洩不滿情緒又如何？只會讓人對你留下欠缺自制力的印象。一個無法控制好情緒的人，遇到問題時的心態是偏激的，無法成功控制好自己的人生走向。

一個聰明的人，知道如何控制好自己的情緒，不讓那些不滿的情緒輕易流露出來，這樣才能保持好自己的心態，保持清醒的頭腦。沒人喜歡和一個反覆無常的人交往。在公共場合我們要克制自己，在獨處的時候，不好的情緒也需要得到一個釋放的途徑，不妨試試以下幾種轉換情緒的方法：

### 1. 選擇有利的情緒。

一個愈懂得選擇情緒的人，愈知道怎麼轉換心情。心情不好時，試著以愉快的情緒來取代不愉快的情緒。例如主管對你提交的企劃案不滿意，要求重寫。你可能會感到不痛快，其實，這不正是提高能力的時候？對於同一個問題，能夠提出不同的方案，正是實力的體現。

**2.冷卻或轉移注意力。**

有人問智者：「如何處理憤怒？」智者的回答是：「不要壓抑，但也不要衝動行事。」一個人遇事立刻發洩不滿，將會使不滿的情緒更加延長，倒不如先冷卻一段時間，讓心情平靜下來後，再採取更好的方法解決問題。其實，很多事情並沒有當時看起來那麼嚴重。

**3.適度地表達憤怒，宣洩情緒。**

一個人如果總是累積情緒，沒有適度釋放情緒，總有一天就會像火山爆發一樣，引發強大的破壞力。我們應適時適當地表達情緒，例如找知心好友傾訴內心的怒氣，或將內心不快樂的感覺寫在日記上等方法，皆有助於避免與人直接衝突，而且也是一種宣洩情緒的方法。

**4.自我教導法。**

改變自我情緒，增加自信心的另一種方法就是自己找一句座右銘，或是對自己說一些自我肯定的話，以激勵自我。當我們感到缺乏自信的時候，不妨提高說話時的音量，讓人覺得你底氣十足。當我們感到自己可能並沒想像中的重要時，不妨想想自己的目標和理想，提醒自己正在追求什麼。

曾經有人說過這樣一句話：「不能克制自己，就永遠是個奴隸。」當我們在遇到傷害的時候，每個人都會本能地反抗。有的人就把被利用當成是一種傷害，對利用他的人產生一種敵視的心理，胸中滿是憤怒。如果不能有效克制，讓自己的不滿情緒像火山一樣瞬間爆發，造成的後果將是難以估量的。

在情緒能控制我們之前，我們要先控制住情緒，保持一顆平靜的心，理智地面對「被利用」這件事，才不會輕易受到外界的影響，走向成功之的道路上會比較順利，多得到一些扶持。

# 能屈能伸，方能成就大業

在人際交往這個大舞臺上，每一個人都不會一路順風，總會遇到挫折。今天你還在臺上表演，享受觀眾熱烈的掌聲，明天可能就只能在台下當觀眾，為別人獻上掌聲。因此在這個舞臺上，要拿得起放得下，要樂於走上去，也要勇於走下來。

站在臺上自然是風光無限，但是，當你走下臺時，也不需要覺得失落，上臺和下臺本來就是很平常的事，取決於各人功夫的積累和被人需要的程度。當別人需要你的時候，就會利用你，給你上臺表現的機會。如果你的表現能讓他們滿意，就會呆得久點。如果你的表現失敗了，或者能力已經達不到他們的要求，自然只能到台下去當觀眾，看看別人的表現，從他們身上了解自己的不足。無論別人投向你的目光如何，你都要有再次上臺的決心，能屈能伸，才算得上是真英雄。

黃平是一家貿易公司的行政助理，不怎麼被主管看好，因為主管覺得他做事拖泥帶水，自然也不怎麼給他好臉色看。

其實，黃平並不是工作能力不足，只是他做事向來仔細，慢條斯理的，不清楚的人會以為他做事懶散。主管似乎看著他就有氣，沒事也要找些事給他做，看到會議室的桌椅擺放的不是非常整齊，偶爾幾個看上去不在一條直線上時，主管就會讓黃平把桌椅再擺一遍，並且要求擺得一絲不苟。還有就是辦公室要保持絕對的乾淨，有一絲灰塵，他就招呼黃平再去擦。

在同事們的眼中，黃平已經成了一個受氣包。不過，黃平自己倒是覺得這些小事無傷大雅，也沒有放在心上。

在工作上，黃平任勞任怨，是主管得力的助手。雖然主管總喜歡把一些麻煩事交給他處理，他在處理這些事的時候，也同步提高了自己的溝通交際能力和公關能力。

受到主管這樣的非常「禮遇」，黃平沒有抱怨，他每天悶頭鑽研業務，還樂此不疲地做著一些分外的工作。

一次，公司裡的一名主管跳槽離職，導致很多工作都無法正常開展。以黃平的能力和資歷，完全可以接任主管的位置，只是主管對他有偏見，並沒有給他機會。

這次，好脾氣的黃平也急了，他想要跳槽，可最終還是說服了自己，忍耐了下來。漸漸地，在整個部門中，只有他具備全方位的能力，行動力也很強。那位新上任的主管算得上是被強摁著頭喝水，並沒有部門帶來起色，不久就引咎辭職了。

這時候，黃平的高層主管終於察覺到這一點，也不再像以前那樣小看他，並提升他為新的主管。

在職場中，偶爾會遇到被上級打壓的情況，請不要因此灰心喪氣。不妨沉潛一段時間，默默耕耘，等待出頭的機會。就像黃平忍一時所不能忍，堅持繼續全力為公司做事，最後終於獲得了一向對自己不滿的主管的賞識。

其實，在面對挫折的時候，我們需要有能屈能伸的魄力。伸，是我們在發力，使自己的能力得到釋放；屈，是我們在蓄力，讓自身得到暫時的休養。生活就像彈簧，如果你只會伸，就會把彈簧拉得太直太緊，反而會讓它減弱彈性，甚至造成彈性疲乏。在到達一定延展度時，要記得放手往回收，才能讓彈簧的彈性保持得足夠久，足夠穩定。

處於被人利用的現實之下，我們難免黯然神傷，這是人之常情，沒有人希望自己總是處於被人利用的狀態，都希望自己也有利用別人的機會。面對這些起起落落，我們要保持好的心態，凡事能放寬心最好，這樣才能承受隨時可能出現的變故。平靜地面對眼前的困難，做自己該做的事，我們可以被那些困難打敗，但不能被打倒。在變故中我們可以學到更多，也會變得更加全面，隨時儲備再次上臺表演的機會。

能站在舞臺上表演的不一定全是人們熱捧的，也有主角和配角之分。主角自然會有更多的戲分，有更多表現自己的機會。至於配角有時候可能連一句臺詞都沒有，只能通過一些動作、眼神等引起他人的注意。

在這個舞臺上，雖然我們不是導演，沒有選擇角色的權利，但我們卻有把角色演好的義務。如果我們選擇放棄並離開這個舞臺，便只能被永遠埋沒。

因此，當導演要求我們擔任配角或是要求我們走向台下時，不要慨歎命運坎坷。我們還是要在屬於自己的一小片天空之下做好自己，相信藉由努力，我們一定能再次把自己推向台上。經得起洶湧的波濤和潛伏的暗流，才能走得更遠。

我們要證明，自己不僅在臺上能夠扮好分內的角色，到了台下也能做得比別人更好。如果連一個配角都演不好，一個合格的觀眾都做不到時，還能指望演什麼重要的角色？只要我們能對自己說：「我可以做到」，就算所有的人齊聲說「你做不到」也不能把你打倒。我們有信心重新站起來，而且在將來還會站得更高。

在被人利用的時候，能站在臺上展示自己固然很重要，但是一旦處於台下，我們也要保持鎮定。我們可以藉這個機會看清自己的不足之處，做好調整，蓄積力量，一到時機成熟，就可以來到人前展現全新的自己，讓眾人覺得耳目一新。因此能屈能伸才能讓自己蓄積更大的力量，把自己推向一個更大更高的舞臺。

# 有進取心就不怕困難

在現實生活中，有三種人不會大有作為：第一種是不會主動做事。這種人太過懶散，需要別人督促才會有所行動，這種人缺乏主動尋找機會的智慧；第二種人只會得過且過，凡事只要求不對自己造成太大影響，就馬虎了事。第三種是容易被困難擊跨的人。這種人抗壓能力太差，在困難面前，沒有反抗就早早地選擇投降，難以有所作為。只有那些主動去做該做的事，而且不輕易就說放棄的人才能取得成功，這種人就算遭遇失敗，也能從打擊中站起來。

對那些成就大事的人來說，進取心能夠在被人利用的時候創造機會。一個缺乏進度心的人，一旦容易被挫折擊倒，就失去了翻身的希望，可能一輩子都沒有被人利用的機會。

艾美是一間公司的行銷企劃人員，在公司失敗產品的名單上，有一款名為「白雪」的洗髮露。艾美研究後認為，白雪洗髮露的價格便宜，成分不含添加劑，雖然不像其他產品一樣擁有精美的包裝，但對那些要求實惠的消費者而言，是個不錯的選擇。

於是她決定全力為「白雪」進行推銷，並將它再次呈現給管理階層，並告訴他們「白雪」的價值所在。最後管理階層接受了她的提議，讓「白雪」在後來成為該公司銷售最好的洗髮精之一。

艾美取得的成績有目共睹，後來成為該公司一家分公司的負責人。她又研創了許多新的護髮產品，這些產品都成功打進市場，深受消費者的好評。

如今，艾美已成為布瑞爾通訊的執行副總裁，該集團所從事的正是市場行銷服務，她仍不斷為公司引進更多更好的產品，在新職位上創造新的成就。

不怕被人利用，就怕沒有進取心，艾美主動在被利用中創造出機會，使一個快要被人放棄的產品起死回生，她的進取心也不斷地促使她創造更多的佳績。

當我們能夠充分了解自己的能力之後，便應制定合適的目標，並把這個目標分為短期和長期，把短期目標實現後，還要繼續努力，朝著那長遠的目標前進，這就是進取心幫我們達到的成就。

進取心塑造了一個人的靈魂。每個人所能達到的人生高度，無不起源於內心的狀態。當我們渴望有所成就的時候，才會衝破種種束縛。如果一頭牛不想喝水，你無法按下牠的頭。

一個不想進步的員工，即使拿鞭子抽他，他也不可能有出色的表現。一個沒有進取心的人，不會有機會站在更高的舞臺。

我們要有自己的夢想，而不僅僅是幻想。在取得短期目標的時候，我們就該自己：其實，我還能做得更好，我還有更大的提升空間。

進取心是促使我們不斷前進的動力，當我們面臨挫折或失敗的時候，它告誡我們不要輕言放棄，讓我們想盡一切方法以求生存，讓我們能夠創造驚人的奇跡，迎頭而上，挖掘出自身無限的能量來化解危險。

任何人都不能只是被動地等待別人告訴你應該做什麼，而是應該主動去了解自己應該做什麼，還能做什麼，怎樣精益求精，做到更好，並且認真規劃，全力以赴地完成。

在努力之後，說不定將會發現，在我們面前的挫折或失敗只是橫跨在成功之路上的一層薄紙，只要我們稍稍發力，就能戳破它，看清前進的道路。當我們在面臨被人利用的現實時，進取心告訴我們要學會創造機會，迎接新的挑戰，讓自己站在一個新的高度。這樣，我們才能看得更遠、更廣，就算身處在一片黑暗中，也能找到希望的亮光。

# 被利用時，學著自嘲一下

自嘲是指言辭嘲笑自己，主動地說出自己的缺陷和不足，來自我調侃。在被人利用的時候，這樣做看起來有點傻，畢竟我們都希望在人前盡可能展現完美的一面，怎麼會把自己的弱點暴露出來呢？

其實，自嘲也是一種重要的交際手法。在一些特殊的場合，捉弄一下自己，不僅緩和緊張的氣氛，還會讓人覺得你是一個真正聰明的人。就算身處一個十分尷尬的境地，也能讓自己體面地脫身。

在與人溝通的過程中，如果對方有意無意地觸犯了你，把你置於尷尬的境地時，以自嘲的方式擺脫窘迫，是一種恰當的選擇。選擇自嘲，看似讓自己吃了虧，卻能讓大家讚嘆你是一個真正聰明的人。人總有遇到窘迫處境的時候，或是遇到一些意料之外、難以招駕的局面。例如，當別人明顯地就是想利用你，藉以獲得他們想要的利益。這時候，聰明的人就會化被動為主動，先自我解嘲一番，然後裝瘋賣傻。只要能做到這一點，便足以讓對方放鬆警惕，而自己也可以利用這短暫的時間讓自己的心情得到平靜，思考可行的對策。

孟莉和陳芳是一對好姐妹。孟莉身材苗條，是一家瘦身俱樂部的市場推廣專員，陳芳是某公司的辦公室文員。

半年前，陳芳生了寶寶，全家人都沉浸在幸福之中。歡喜之餘，陳芳也有一點難過的事情，那就是本來苗條的身材發福了，身上的贅肉多了，腰圍也明顯粗了許多。

孟莉是一個很精明的人，她認為這是將陳芳發展為俱樂部會員的一個好機會。一天，她藉著探望小寶寶的機會，對陳芳說：「姐，妳加入我們的瘦身俱樂部吧，自從生下孩子後，妳變胖了，都沒腰了。」她一說完，就發現自己講得太直接了，可能會引起陳芳的反感。

陳芳對自己的身材越來越沒有自信，更不喜歡別人當面說出來，但她還是輕輕一笑，說：「胡說，誰說我沒有腰了，這麼粗的腰，還說沒有腰？」一面說著，一面用力掐了一下自己的腰圍。

說完，兩人哈哈大笑。

陳芳通過自己的機智幽默化解了尷尬場景，如果她一聽孟莉的話就大發脾氣，覺得對方有意揭自己的短處，只會讓場面失控，兩人的交情也可能因此而大打折扣。

遇到令人難堪的場面時，可以體現出一個人在面臨突發事件的處理能力。每個人都有缺點和缺陷，別人會比自己看得清楚，越是掩飾，反而越令人注目。諱莫如深的結果只會加倍引起別人的注意和議論，還可能讓你與周圍的人產生隔閡，倒不如痛痛快快、乾乾脆脆的自動「曝光」。嘲笑自己和被別人嘲笑是完全不同的，自嘲能夠體現出一個人豁達的心胸、樂觀的性格和幽默的素質，從而使你在人際交往中如魚得水。

當然，如果是處於被人利用的處境，還能做到自嘲的話，就不是一件簡單的事情，因為沒人天生喜歡「罵」自己。這時就需要我們敢於給自己臉上「抹黑」，而不是「貼金」。但也正是在這個關鍵，才會讓別人發覺與你交往是一個正確的選擇。

當然，自嘲也是一門學問，在特定的場合一定要合適地運用，如果一味地認為只要自嘲一下就能達到出人意料的效果，只會讓局面變得更難以控制。

在一家飯店裡，一位顧客正在生氣地對服務員說：「這是怎麼回事？這隻雞的腿怎麼不一樣長？」

服務員回答：「這算什麼，請問你是要吃牠還是要和牠跳舞呢？要是我，可不會跟牠跳舞。」

顧客聽了更加生氣，說：「你們就是這樣的服務態度嗎？」

於是一場本來可以調解好的糾紛就這樣爆發了。最後還是經理出來道歉，才平息了爭吵。

自嘲的話語一定要得體，它並不像是講一個幽默笑話那麼簡單。自認為高明的人往往會吹噓自己的優點，結果反而讓人更不想與他交往；那些敢於自嘲的人往往能正視自己的缺點，能夠正確地面對自己的缺點，正是自信的表現，也因此能夠得到他人的尊重。

有時讓我們陷入難堪是由於自身的原因造成的，例如本身的缺點、言行失誤，或因為個人成就引起了他人的忌妒甚至畏懼等等。自信的人能較完善地維護自尊，自卑的人往往陷入難堪。自信的人敢正視自身形象的不足之處，大膽巧妙地加以自嘲，例如「自己海拔不高」、「視力差，屬於殘疾」等，往往能出人意料地展示出自信，不僅能迅速擺脫窘境，還能同時顯示你瀟灑不羈的交際魅力。透過「自嘲」這種「自我否定」的人際相處技巧，往往能讓你獲得眾人的肯定。

# 無傷大雅的時候，就裝糊塗吧

在被人利用的時候，我們要清楚地了解自己的處境。並不是所有的事情都需要用講道理的方法解決，也沒有必要凡事都以超過或駁倒他人。在不背離原則和人格的前提下，我們應該在該精明的時候精明，該糊塗的時候就糊塗。

裝點糊塗並不意味著我們昏庸怕事，這是為人處世時所表現的一種豁達，拿得起放得下是一種大智慧。

我們所說的糊塗，當然不是要把自己變成一個糊塗蟲，在遇到大是大非的時候，一定不能含糊。面對那些無傷大雅的小利用，裝點小糊塗的人才是最清醒不過的人，因為正是他們將面前的事情看得明明白白才會裝點糊塗，如果什麼事情都去點破，說得太清楚、太透徹，未免讓自己活得太壓抑。乾脆在面對小利用時糊塗一下，放下包袱，讓自己放輕鬆，瀟灑一點。

著名的教育家陶行知曾任育才學校校長。在一次數學考試中，一位女生在一道題中少寫了一個小數點，被扣了兩分。試卷發下來後，她又偷偷地把這個小數點添了上去，來找老師要補回那兩分。

陶先生從字跡上看出來是不同時間寫上去的，但他並沒有當場揭露，而是滿足了那個學生補分的願望。不過，他在那個小數點上畫了個圓圈。這位女生自然也領會到了老師的意圖，她沒有因為加了兩分而覺得開心，反倒是羞愧不已。自這件事後，她更加努力地學習，下定決心做個誠實的人。

這樣看來，陶先生的一次「糊塗」並沒有縱容學生，而是讓她認識到了自己的不足，下定決心更好地做人。面對這種情況，何不像陶先生那樣裝點小糊塗？那是一種對對方表示寬容、理解和尊重的糊塗。

只要自己是清醒的，被人利用了又能怎麼樣？裝點糊塗，大家都能獲得自己的利益，這樣不好嗎？在交往的過程中，裝點糊塗能讓人緣更好，做事的時候也比較輕鬆。那些拿捏的好的，往往能夠順利成事。

楊志的妻子是個很愛嘮叨的人，為了能讓耳根子清靜一會，楊志只好能躲就躲，能藏就藏。

有一次，楊志請一位朋友吃飯，快要結帳的時候，他趁朋友不注意低下頭伸手從鞋子裡拿出一張鈔票。沒想到一抬頭，正迎上朋友驚訝的眼光。其實朋友都知道他這個「妻管嚴」的問題，也不好意思先開口，只微笑著看他怎麼解釋。

只見楊志輕咳了一聲，指著手裡的鈔票說：「過去我總是被它壓著生活，今天，我也要讓它知道被壓著的滋味好不好受。」

這樣一來，楊志裝點小糊塗讓自己擺脫了令人窘迫的局面，而朋友也沒有針對這個問題追根究柢，偏要把楊志怕妻子這件事捅出來，雙方都是揣著明白裝糊塗，完美地將一個不好的話題避開了。

說起來容易做起來難，大凡知道自己被利用後還能裝糊塗的人非常有限，大多數人無法達到超然的境界。因此，他們也很難活得輕鬆自在。

有些人在被人利用了之後，硬是不肯罷休，硬要為自己討個說法，尤其是在一些公共的場合，更會顯得這樣的人小題大做，明明只是芝麻點大的事，一定要捅出天大的妻子才覺得順心。這樣的人，只會讓人對他離得遠遠的，像遠離疾病一樣遠離他，如此一樣，又怎麼能在被人利用的時候創造機會，實現自己的價值呢？

只知道利用別人的人，貌似精明，其實是最傻的，因為他的真面目總有被揭穿的一天，當眾人都看清他的醜惡嘴臉時，就會對他敬而遠之了。所以，就算你再精明，也別忘了偶爾被別人利用一把，只有這樣，你才有繼續利用別人的可能。而只有那些不求索取、不計回報，心甘情願被利用的人才能贏得真正的朋友。

糊塗不代表昏庸，是不想活得太累。收起你武裝起來的鋒芒，沒有了「稜角」，就不會輕易傷到別人。裝糊塗的人比表面強硬的人心裡更有底，他們不過是懶得去事事計較。糊塗處世，必定剛柔相濟，屈伸有度。人生苦短，在旦夕禍福之間。只有柔韌處世，糊塗做人，才能將「適者生存」的道理貫徹到底。為人處世糊塗。能讓朋友信賴你的寬容與真誠，今日你施與他的滴水之恩，明日他自會在你面前湧泉相報。

「揣著明白心裝糊塗」的態度是一種生活之道，也是一種成功之道。要知道，過度嶄露鋒芒是危險的，還會讓自己陷入被動。首先是把自己的定位定得太高，處處顯露自己的才幹和見識，主管和同事就會產生一種心理，總認為你比別人強。當你有所閃失時，便會被批評為「還欠火候」，重則是落井下石，認為這是過度自大的報應。

老虎也要有個打盹的時候，在被人利用的時候，凡事不要過於強求對自己的好處，過於精明、強勢會招人反感，讓人覺得與你難以相處。在適當的時機，我們不妨睜一隻眼閉一隻眼，裝點小糊塗，才是最佳生存之道。

CHAPTER 07

# 韜光養晦，在被利用時臥薪嚐膽

# 為成就大事，不惜被利用

在被人利用的條件下，我們才有機會實現自己的價值，這是我們不得不面對的現實，這是一個不能逃避更不應該逃避的問題。只有活在幻想中的人，才會以為自己可以完全淩駕於現實，不用被人人利用就能取得想像中的成功。

一個想取得成功的人，應該把自己拉回現實，不要在無謂的幻想中浪費自己的時間。我們需要接受被人利用的現實，只要我們堅持自己的信念，為自己的正確目標奮鬥，裝一下糊塗，讓人利用又能怎麼樣？你還是你，絕對不是一個木偶。

聰明的人懂得在適當的時候向人示弱，達到迷惑對方，讓人覺得你是一個可以利用的人；至於那些缺乏實力的人卻總是示別人以強，時刻向別人提醒自己有多大能耐，其實這是心虛的表現，這樣的人最怕別人看到他背後那顆脆弱的內心。

「木秀於林，風必摧之」，「行高於人，眾必非之」，想要取得成功的人，就算知道自己很有才華，也不會盲目地在別人面前抬高自己，吹噓自己。一個聰明的人，在時機還不成熟的時候，不會急於嶄露鋒芒，大智若愚的人才會有擔負重任的真正力量。

在表面上，我們要表現出願意被人利用的渴望；在內心裡，我們要懷著苦盡甘來的信念，對眼前的情勢保有正確的判斷力，思考應該如何才能通過正確的途徑，以便更快速地獲得成功。

拿破崙・希爾是美國也是世界上最偉大的勵志大師。自從他成名後，來自世界各地仰慕者的信件像雪花一樣飄來，單單回信就讓希爾無法全部顧及。為了提高效率，他聘請了一個高中畢業的女孩當速記員。她的任務是拆信，然後讀信給希爾聽，並記錄希爾口述的回信，最後把信寄出去。在希爾的公司裡，她的學歷和收入都是最低的。

有一天，她聽到希爾講了一句話，深受啟發，從那一天開始，她整個人都改變了。大家都五點準時下班，她總是要忙到晚上十點以後，除了把本職工作做好之外，她還盡可能的提供別的同事幫助，她還不斷提高自己的閱讀量，研究希爾寫文章的風格。

終於有一天，當她讀完一封來信後，鼓起勇氣對希爾說：「先生，你能聽聽如果我是你，我將如何回信嗎？」

希爾同意了，在聽完她的回信後，他非常吃驚，不僅文字風格與自己極像，甚至還有些地方超過了自己！就這樣，他讓她回了幾封信。後來，希爾乾脆就讓她以拿破崙・希爾的名義回信，自己負責簽名。

後來，她獲得升遷機會，成為希爾的助理，地位僅僅在希爾之下。由於這個女孩工作能力非常出色，引起了許多公司的注意，都不斷地想用高薪把她挖走，此時的希爾又離不開她，怎麼辦？只好不斷地給她加薪了。

這個女孩的成功，在於她懂得不只為了眼前的一點報酬而工作，而是樂於被人利用，並創造機會讓人更徹底地利用自己。她很清楚地了解，雖然她做了很多不是自己份內的事情，不會因此取得更多的報酬，但這一切不僅是為公司，為老闆，而是為了提升自己的能力和身價。她的目的，就是讓自己變成對主管、對公司有重要價值的人，變成對公司不可或缺的人才。

為了要實現遠大的志向和堅定的目標，我們需要學會隱忍，並在被人利用的時候衡量利害關係，這是一個需要我們能夠做到臥薪嚐膽的長期過程。

在職場上，還不知道同事的底細時，大部分都能相處得很好。但是在相處過程中，逐漸發現身邊人的「特殊身分」時，就會心理不平衡，甚至還會無端地煩悶起來。例如，主管的心腹、靠特殊關係錄取的人、空降部隊等等。當你開始關注這些事時，你就會開始不開心。

有些人很會揣摩主管的心理和意圖，這本不是一件壞事，至少能讓自己在工作時比較順手。如果只是揣摩也就罷了，有些人卻喜歡說給別人聽，這種過度解讀主管意圖的行為，是最致命的「自殺」行為。做到一定管理職位的人都知道，對下屬保持一定的距離和神祕感，可以讓他們摸不清自己的底細。如果一舉一動都被這些「高人」看得一清二楚，就像身邊多了部X光機，讓自己無所遁形，那種感覺就像天天在這位下屬面前「裸奔」。另外，如果下屬都知道主管的思想，也會給主管帶來威脅感和挫敗感。想安全地在職場裡生存，一定要懂得分清哪些事情是能說不能做，哪些事情是能做不能說，還有哪些事情必須是要能說也要能做的。很多事情，我們看透了，並不一定要說破。

總之，我們應帶給人真實、直率的觀感，避免給人城府深重的形象。在被人利用的當下，我們要達到成就一番事業的目的，又不能沒有一定的城府。尤其是在處境不太盡如人意的時候，更要懂得避免被犧牲掉的智謀。外表看起來粗枝大葉沒有關係，只要耳聽八方，眼觀六路，對眼前的態勢做好合理分析，將可確保順利行事。

# 韜光養晦也是一種學問

在人際交往的過程中，不盡如意事難以避免，沒有必要因為遇到阻礙而悲觀。被人利用是成功的必經之路，關鍵是要有決心和忍耐之心。一時的不如意，並不意味著永遠的悲劇。想要取得成就，就要在機會還不成熟的時候，做到韜光養晦，學會忍耐，選擇合適的時機表現自己。

每個人都有自己的做人原則，有些人喜歡從容平淡，看起似乎總是不溫不火；有些人喜歡鋒芒畢露，凡事都搶著表現自己。我們很容易發現這樣一個現象：踏踏實實的人在與人共處時很簡單，而鋒芒畢露的人則沒有什麼太好的人緣。在人際交往中，人緣可不是小問題，它的好壞直接影響著我們人際交往的成敗。

生活在這個充滿競爭的年代，每個人的壓力都很大。人在一生當中會遇到很多問題，如果能忍一忍，並學會控制自己的情緒和心志，以後即使碰到大的問題，自然也能忍受，並等到最好的時機再把問題解決。如果不能忍耐，每天都率性而活，便將永遠無法成就大事業。

康妮‧胡克是一名電視主持人，她才思敏捷，口齒伶俐，深得觀眾的歡迎，出道僅僅兩年就已經成為了電視臺的臺柱，一度被認為是廣播主持人獎的熱門人選。

喬治是康妮的頂頭主管，早已被她的美貌所傾倒，好幾次都在辦公室對她動手動腳，都被她拒絕。這一天，他終於露出了真面目，惡狠狠地說：「今天妳拒絕了我，以後我要妳跪著來求我。」

不久，喬治在部門會議上宣佈，由於接到觀眾的投訴，康妮被取消了節目主持人的資格，改播娛樂新聞。這個決定讓所有人感到意外，康妮知道，喬治「出手」了，但她並沒有屈服，反倒是從容地接受了安排。

她深入第一線，採訪了很多名人，再加上播報風格有了新的變化，節目的收視率節節上升。她也因此受到了總裁的特別接見。後來，在觀眾的強烈要求下，她又重新回到了節目主持人的位置，並被當選為英國最受歡迎的節目主持人。

喬治為了繼續打壓康妮，又出了一招，把她調到記者部，專門跑新聞，理由是她並不是主持本科系畢業。

康妮當時也覺得不可理喻，但她反過來想想，「這不就是喬治希望看到的嗎」，於是她又強忍了下來。

可是缺少她主持的節目，收視率急驟下降，連台長都坐不住了，專程來問：「為什麼這個節目不是她主持？」

「她不是主持科系畢業的。」喬治振振有詞地回答。

「不管她是什麼專業畢業的，這個節目都得由她主持，明白麼？」台長說。

喬治沒辦法，只好讓她回來主持節目。

一年後，電視臺宣佈裁員，喬治成為第一個被裁掉的員工。

有人問及她成功的祕訣，她說：「隱忍。」接著她補充：「因為對於每個人來說，沒有一種成功是可以必然實現的，但是只要有一顆隱忍的心，能忍別人所不能忍的，成功就能離自己越來越近。」

在喬治與康妮的博弈中，喬治也有得意的時候，不過，最後真正的勝利者還是康妮。當有人針對我們，做出一些阻礙我們發展的舉動時，我們不一定要馬上還擊。我們要深謀遠慮，但不要讓他們知道我們的盤算，畢竟鋒芒畢露只會讓他們把更多的精力用在對付我們身上。

一個人要想在被利用的過程中成就一番事業，就要對客觀形勢的發展變化有正確的認識，選擇待時而動，將才華用到有用的大事上，積蓄力量。

有些人總是急於向別人表明自己的見解，希望在最短時間內使周圍的人知道自己是個不平凡的人。在這些人的眼中，別人個個都是庸才，因為一些看似簡單的道理他們都不懂。其實，經驗豐富的他們只是不動聲色。他們考慮得更加周詳嚴密，鋒芒太露便容易得罪旁人，也容易引起旁人的妒忌，就有可能變成他們前進時的阻力。

樹大招風，聰明的人需要懂得保護好自己。在與人交往時，我們可以留給對方一點神祕感，而不能讓對方一眼就看透我們是一個什麼樣的人，想做什麼樣的事。聰明的、能給人一種神祕感的人更有魅力，總是能夠保留大量的實力，到了關鍵時作出驚人的舉動，讓人很想知道接下來他還能有什麼新的靈感。那些不會自我保護的人，平時發力太猛，鋒頭太大，到了關鍵時刻卻沒有了應變的能力。即使能力再好，也會因樹敵太多而疲於招架，給自己增加許多麻煩。

面對紛爭，我們也要學會隱忍。有的人，一出手便是針鋒相對，似乎是在向人展示自己的好口才，導致糾紛變得難以解決。這些人雖然確實才幹勝過對方一籌，但卻因為不懂得隱忍，而把事情搞得無法收場。其實，那時恰恰正是要學會隱忍、展現大度的時候。如果能夠做到隱忍，回頭時，你會發現自己將會有一些微妙的收穫。

很多時候，我們都是在面臨選擇，逞一時的匹夫之勇並不是難事，而懂得隱忍，爭取更好的發展空間，卻不是所有人都能做到的。低頭也是一種勇氣，抬頭也不見得就是真勇氣。無論我們想擺脫被人利用的想法有多麼強烈，也要有足夠的忍耐力和克制力，時機不成熟的時候決不輕易出手。

# 今日之屈，為了明日之伸

縱觀古今成功人士，沒人敢說他們沒受過屈辱，沒被人利用過。所以在我們受到一點屈辱的時候，也就沒有必要大驚小怪了。也許有人會將這一過程視為一種失敗，是人生履歷上可恥的一頁。有這種想法的人，總是把每一件事情都習慣性地往最消極的一面去想，從積極的角度來看，這樣的過程正能使他們更加沉穩老練，頭腦更加清醒。

沒有夏天辛勤的勞動，哪會有秋天的累累碩果。從勞作到收穫，需要付出一段艱苦的過程，也是一個等待的過程。如果沒有了忍受艱苦的決心，得到的只能是無限的失望。

在《三國演義》中，司馬懿是個什麼樣的人呢？有一點我們可以肯定的是，司馬懿是個很有本事的人，既有很強的能力，又有不同尋常的耐力，在小字輩曹爽這樣的人面前，他都能等待，也善於等待，做到忍辱負重，裝瘋賣傻，要他做什麼都行，他堅持最後，達成了自己的目的。

諸葛亮六出祁山時駐紮在五丈原，司馬懿很清楚自己的韜略不如諸葛亮，所以一直拖延著不出兵。諸葛亮派人向司馬懿送去一套女人服裝，並遞信說：「你如果不敢出戰，便應恭敬地跪拜接受投降；如果你羞恥之心還沒有泯滅，還有點男子氣概，便立即批回，定期作戰。」

如果是一般人，這種激將法會使他們失去理智。司馬懿手下的那些大將非常氣憤，紛紛要求出兵，只有司馬懿不為所動，堅守不戰。不久諸葛亮因積勞成疾而死，司馬懿不費一兵一卒，不戰而勝。

忍別人所不能忍，容別人所不能容，才會得到別人得不到的。在我們的實力還不足以戰勝對方時，必須忍。被人利用很正常，今日之屈又何妨，一切只為明日再能伸。

華旗資訊總裁馮軍是清華大學的高材生，而他的事業卻是在中關村從小生意做起的。很長一段時間，他的外號是「馮五塊」，因為他在推銷東西的時候，老是對人說：「這個東西我只賺你五塊錢，不會多賺你的。」

有一次，馮軍用三輪車載四箱鍵盤和主機殼去電子市場，但是他一次只搬得動兩箱，於是他將兩箱搬到他看得到的地方，然後回頭去搬另外兩箱。就這樣，他將四箱貨從一樓搬到二樓，再從二樓搬到三樓，如此往復。這樣的生活，有時會讓人累得癱在地上坐不起來。

這還只是身體上的疲憊，他還要承受心理上的落差。馮軍在中關村創業，就要丟掉自己清華大學高材生的面子，不能有什麼架子。俗話說，「物以類聚，人以群分」。在中關村和馮軍做一樣活兒的人，大多數是來自安徽、河南的農民，例如中關村的CPU批發生意，有百分之六十以上都是由來自安徽霍邱縣馮井鎮的普通村民把持著。一個清華大學的高材生，要成天與這樣一些人打交道，廝混在一起，讓這樣一些人認可自己，並不是一件容易的事，需要撕去「偽裝」，與他們打成一片。其次，為了讓人家代理自己的產品，那些攤主兒不論大小都是自己的爺，見人就得點頭哈腰，賠笑臉說好話。從「馮五塊」這樣的綽號，就可以看出馮軍當時在中關村的「江湖」地位。

就是在這樣的殺價下，馮軍最後終於從一個「個體戶」開創了屬於自己的事業，取得了成功。

當別人知道馮軍名牌大學畢業生的身分後，投向他的更多是質疑的目光，一個正兒八經的名牌大學畢業生，何苦來做跟他們一樣的活？如果馮軍不能跨過這種心態上的巨大落差，就很難從那段艱苦的歲月中走過來。

忍得住艱難困苦，才守得住繁華榮耀。我們有理由相信，就算目前還處在一個被人利用的環境中，但總有一天會峰迴路轉。三十年河東，三十年河西，想站在山峰的最頂端，就要一步步清掃登路途上的荊棘。凡事不能急躁，想一步到達山頂是不可能的。

現在的社會當中，很多人在選擇工作時都是心高氣傲，這樣的態度只會給自己帶來麻煩，所以有時候需要低頭的時候就該低頭。假如自恃年輕，以為機會多，高不成，低不就，換來的往往是滿盤皆輸，因為時光不會倒流，逝去的不再復返。只有本著「工作是一種積累」的想法，踏踏實實地做事，機遇才會降臨。事業中的強者也要有低頭的勇氣，如果總是迷惑於周遭的光環，違背自己的真實初衷，只為了面子和榮耀感，其結果必是身心俱疲。日常生活、工作中，人際間的摩擦、誤解、糾葛、恩怨更是在所難免，只有大家相互寬容，相互理解，該低頭時低頭，才能避免夫妻間因家庭瑣事反目成仇，才能避免鄰里間為一微不足道的事鬥毆流血……

當然，我們在被人利用時的忍耐並不是毫無原則的，也不是一味卑躬屈膝。願意被人利用，就一定要得到想要的東西。在屈與伸之間，伸是我們的最終目的，屈只是我們暫時隱藏了自己的實力，只伸不屈，會輸得慘不忍睹；只屈不伸，就迷失了方向，只能平平庸庸地活著。

該低著頭走的時候，就不要抬著頭走，這樣只會讓自己撞得頭破血流。識時務者為俊傑，在我們沒有實力迸發全部能量、掌控局勢的時候，我們要選擇臥薪嚐膽、忍辱負重，一點點地積蓄自己的實力，這樣才能越過高山與懸崖，站上成功的高峰。

# 把握住聰明與糊塗的分寸

在被人利用的時候，有的人喜歡表現出精明的一面。他們處處都想顯得比別人高明，似乎別人接下來的行動都在他的預料之中。如果你給別人的感覺都是淩駕在他們之上，就不會有人願意與你交往，更沒人願意提供你被利用的機會。

與人交往是需要聰明和智慧的。聰明的人懂得如何去揣著明白裝糊塗，不會得到一個機會，就把自己完完全全地暴露在他人面前，把自己的意圖計畫都說出來。這樣的人，會讓別人認為你不知道分寸，不願與你交流。如果給了你機會，指不定哪天就把他們的重要決策提前洩露出去。所以適當隱藏自己的意圖和實力，才能讓我們在與人交往的過程中更容易掌握主動權，也能讓別人更放心地利用我們。

有些人個性單純，自信心也很強烈，以為凡事只要做到最好，越早顯示自己的能力就越能得到重用和器重，其實不然。真正聰明的人對自己的成就總是輕描淡寫，從不張狂。他們很明白，如果事事都表現得比別人強，難免會被人疏遠，便難以處理好人際關係。我們最需要的就是得到別人的認可，否則能力再強又如何？得不到被利用的機會也是枉然！

張偉在一家週刊工作，是一名能力突出的記者，他有著敏銳的洞察力、良好的口才以及行雲流水般的文筆，使得他的報導接近於完美。在週刊的頭條上，常常出現他策劃的選題，往往能引起轟動。

鑑於此，週刊一重大選題便都交給張偉，他也從來沒推辭過，認為能者多勞。剛開始別的同事也不在乎，可是時間久了，他們就不滿了，認為張偉太狂妄，把好的選題都霸佔了，不給其他人表現的機會。漸漸地，張偉被同事們疏遠了，但他並沒有在意，還覺得是他們沒自己優秀，爭取不到好的選題。

有一天，週刊記者部主任辭職了，週刊高層決定採用民主選舉的方法，讓所有員工投票選出自己心目中的主任。張偉信心滿滿，認為主任一職也只有他能勝任，臉上不時流露出得意的神情。然而，讓他想不到的是，居然沒有一個人投票給他，大多數人把票投給了一個平時並不引人注意的同事。

新主任上任後，再也沒有把週刊的重點選題交給張偉負責，而只讓他負責一些雞毛蒜皮的小事。張偉由失落到失望，最後不得不辭職了。

我們在追求卓越的同時，絕對不要過分張揚，跳得越高，摔得越痛。就算自己做得再出色，也要謹記功勞是大家一起創造的，要記得感謝大家的支持和幫助，不能僅取得一點成就就昏了頭。在這種情況下，好處大家一起分享，在小事情上糊塗一下，是真正聰明人的作為。否則，功利心太重，自信心太強，聰明反被聰明誤，會過得很累。

懂得裝糊塗的人才是真正的聰明人，他們遇事不自作聰明，大發議論。相反的，他們總會擺出一副什麼都不清楚的樣子，認真地聽別人說。這樣的人本來有自己的見解，但不輕易說出來，什麼人也不得罪。他們不管處在什麼樣的環境中都能夠左右逢源，活得很是舒坦。

在這個世上只要懂得生存之道的人，就明白什麼是糊塗；當然，糊塗也有真糊塗，有的人是裝糊塗。我們在小事上可以裝糊塗，大事可不能糊塗；表面可以糊塗，暗地裡可不糊塗。不管做什麼，都要有人情味，真正的強者，是那種善於掩飾自己的人，這並不是一種虛偽，而是對自己進行有效保護的一種策略。

一位老闆在氣頭上時，要求人事經理即刻去解雇一個犯錯誤的員工。

這位經理滿口答應下來後，卻遲遲不去辦理。

他的下屬提醒他，他卻說：「老闆是這樣說的嗎？」

過了幾天後，老闆問起這件事。這位經理說：「您不是說若再犯類似的錯誤，即刻解雇嗎？」

老闆看了看這位人事經理，笑了笑，點點頭說：「是的，你做的非常好！」

這是一個聰明的經理，他的聰明在於通過表現自己的糊塗來襯托他人的聰明。自己裝了一次「糊塗」，卻讓主管避免陷入了一次人事危局。當別人因為我們的糊塗而變得聰明的時候，別人對我們就會另眼看待。

成功的人更重視聰明的生活，他們眼裡看見的不只是暫時的利益，他們面向的是將來的利益，所以他們肯去吃眼前的苦，不抱怨，該聰明時聰明，該糊塗時就糊塗。這樣的人既是一個聰明人，更是一個充滿智慧的人。

所以，要想成就大事業不妨試試裝糊塗的方法，我們都要經受得起時間考驗；一時的精明只能帶來一時的成功，總有機關算盡的時候。一時的小糊塗卻能給未來的成功做好點綴，關鍵時刻自會有大用處。

# 拿捏原則與妥協的分寸

在與人交往的過程之中，總會遇到一些左右為難的問題，是堅持自己的看法，還是附庸別人的觀點？都需要我們做出正確的選擇。病從口入，禍從口出，有時候不經意間的一句話、一個動作就可能讓自己的前景蒙上一層陰影，前途變得不明朗。

原則是每個人做事的底線。如果我們在做事的時候，無法守住最基本的底線，我們就不是一個有原則的人。在我們遇到困難的時候，就會喪失目標，感到前途一片茫然。堅持原則，可以讓我們充滿勇氣，即使遇到困難，也能保持一顆平靜的心。

妥協是處理問題的一種解決方式，是主動降低自己的要求和條件，降低姿態來滿足對方，是一種自我保護的方式。如果盲目地堅持原則，會使我們失去機會，坐以待斃。遇到這樣的情況，堅持己見不如主動示弱，才能讓自己扭轉不利的局面，退一步海闊天空。

每個人的心中，都有一套為人處事的原則，有的人在遇到問題時會堅持自己的原則，有的人會選擇妥協。在交往中，我們不能一味地堅持自己的原則，在適當的時候，也應該學會妥協，這是一種現實的需要。當我們在被人利用的時候，既要堅持原則，也要靈活應變。

我們在追求自己想要的東西時要堅守原則，同時也要用妥協去保護自己，兩者缺一不可，這樣的人生才更有保障。該堅持原則的時候不能含糊，不然只會給自己增添遺憾；該妥協的時候也不應猶豫，不然只會給自己帶來傷害。

松下幸之助在創立自己的公司後，對員工的要求十分嚴格，每次在的決策都會親自參加，但他並不是一個只按自己的想法行事，不聽取別人意見的人。

在一次決策會上，他對一位部門經理說：「我自己要做很多決定，還要批准很多決定，實際上，只有百分之四十的決策我是真正認同的，剩下的百分之六十我有所保留，或只是覺得過得去。」經理感到很驚訝，在他看來，只要松下不滿意，大可以否定那剩下的百分之六十，完全沒有徵求別人的意見的必要。

松下接著說：「我不能對任何事都說『不』，對於那些我認為算是過得去的計畫，大可在實行的過程中指導它們，使它們重新回到我預想的軌道上來。任何人都不喜歡被否決，作為一個主管，有時應該接受他不喜歡的事。公司需要大家的一齊努力才會發展得更好。」

在生活中被人利用時，不可過度固執，對於難以下結論或是難以辨明是非的東西，採取模棱兩可的態度，既是一種智慧，也是一種品德。否則，聰明過度，妄下結論，往往會使自己處於尷尬的境地，甚至引火焚身。

既掌握原則，又能妥協可從以下幾個方面理解：

1.能上能下，沉著應對。既要抓住升職晉級的機會，努力取得加薪待遇，也能在時機不成熟時做好份內的工作，平和地接受被人利用。無論出現什麼事情，都能以平靜的心情坦然應對。

2.不卑不亢，入鄉隨俗。在被利用的過程中，我們要盡一切努力去提升自己的內涵，豐富自己的知識。面對利用我們的人不低聲下氣，也不傲慢自大。特別是待人接物方面，要能做到入鄉隨俗，與每個人打成一片。

3.能進能退，左右逢源。為人處世，要靜如處子，動如脫兔，出乎意料之外，又在意料之中，進不越規矩，退不喪志向；令人驚歎而不驚奇，讓人尊敬而不畏懼，進退自如。

4.能爭能容，皆大歡喜。對於被利用過程中所受到的侮辱，要理直氣壯，努力爭取自己的尊嚴，絕不客氣。此時的優柔寡斷是無能、懦弱的表現，必須克服。同樣，對於別人的利用要有寬容之心、大度之情，要能容得下別人，理解和體諒別人的難處，力爭使每個人都滿意。

一個不願意妥協的人，往往是在夢想著追求完美的東西。對現實而言，這只能是一種境界與目標，是一種理想狀態，追求這種完美只是一種過度的執著。在充滿競爭的社會，適時地妥協就像潤滑油，讓我們在遇到阻礙、不如意的時候能變得輕鬆許多。

一個目光遠大的人知道什麼時候該有原則，什麼時候應該妥協。我們要依據對方的身分、意圖來調整自己的策略，抓住時機，給自己創造任何一個可以幫助自己取得成功的機會。

# 硬碰硬，會讓你吃大虧

我們常說有實力才會有發言權，當我們被人利用時，如果對方很強硬，不要跟他硬碰硬，迂迴一下並不表示我們就好欺負，這只是一種圓滑的做法。明知自己實力比不過對方，何必硬是要與對方起衝突呢？先保護好自己才是上策。

留得青山在，不怕沒柴燒。選擇退一步一點也不困難，就像我們在開車時看見前面的路塌陷了，就不會硬闖過去，否則只會讓自己受傷。

利用我們的人如果是一塊石頭，我們就不要做雞蛋，直接碰上去只會讓自己受到傷害。我們可以把自己想像成水，如果對方是擋在河道裡的一塊大石頭，我們可以繞過它流出去。能夠懂得避開石頭的鋒芒，時間久了，我們就能削弱它的鋒芒。

山頂上住著一位智者，山下的人都很尊敬他。每逢遇到什麼難題，都前來討教。智者從來都不明白地說出自己的忠告，而是巧妙地引導，讓諮詢者自己領悟。

這天，一個女人前來求教。她一見到智者就抱怨道：「我丈夫不愛聽我的話。我是他老婆，怎麼會害他呢？那都是我苦口婆心的忠告啊，可是他就是聽不進去，真是氣死我了。」

智者笑眯眯地聽完，拿來兩塊小木板、一根直釘、一根螺絲釘，還有一把錘子、一把鉗子、一把螺絲刀。智者讓她把釘子釘到木條上去。

女人不假思索地拿起一根直釘和一把錘子，用錘子向木板上釘直釘。

可是，木板實在是太硬了，她費了全身的力氣也釘不進去，反而把釘子敲彎了，還差點弄傷自己的手，木板也變得坑坑洞洞的了。

女人看到還有一把鉗子，於是她用鉗子夾住釘子，再用錘子用力地敲打，釘子總算進去了，可是木板碎裂了。

女人又（這條直線刪不掉）開始試著拿起螺釘，用錘子往木板上輕輕一敲，固定住，之後用螺絲刀擰了起來，不費吹灰之力，螺釘就都鑽進木板裡了。

女人長舒了一口氣！

智者說：「硬碰硬有什麼好處呢？說的人火冒三丈，聽的人怒火中燒，最後傷了和氣，好心辦了壞事，生活也變得不和諧了。

智者說：「硬碰硬有什麼好處呢？說的人火冒三丈，聽的人怒火中燒，最後傷了和氣，好心辦了壞事，生活也變得不和諧了。「

一個敢把自己像雞蛋一樣砸向石頭的人，只是一個行為莽撞的人，也許有一點豪傑氣概，卻是一種愚人表現。想成大事，就要像水一樣，在實力還不足夠的時期，採取以柔應剛的處事態度。

有目標的人會適情況捨棄強出頭的機會，展現了十足的氣度。有的人自以為實力已經達到了一定的程度，在被人利用時喜歡暢談自己的觀點和主張，這樣的行為，很容易惹事上身，一些特殊狀況常常莫名地光顧他們。

小張在一家貿易公司已工作了五年，由於能力嫻熟，獲得眾多客戶的認可，他已成為業務部門的一把交椅。但是最近他發現同部門的小李正異軍突起。原來，這兩年由於公司的傳統業務不是很景氣，小李負責的新興業務便成了部門的主要營利來源。儘管小李進公司的時間還不到三年，但主管已屢次透露提拔小李的意圖。小張對此感到很不公平，他覺得無論是資歷、還是能力，自己都比小李強很多。主管這樣做，實在讓人難以接受。

為此，他經常在同事面前表達自己的不滿，認為自己也算是公司的元老級員工了，就算要提拔也還輪不到小李。在與主管談話時，也時常釋放自己的不滿情緒。後來，主管還是提拔了小李。

大部分的人會因為妒嫉而失去升遷的機會，也有人因選擇硬碰硬，結果讓自己深受重創，只有少數的人會選擇暫避鋒芒，戰略性退守。

有的人個性強硬，在被人利用時喜歡選擇硬碰硬的方式，他們喜歡競爭，享受那種將對方直接擊敗的感覺，這種競爭方式就容易產生「對著幹」的做法。遇到這樣的情況，利用你的人不會願意再給你機會去實現你的價值。

有的人機智圓通，這樣的人通常有一定實力，而且心胸開闊，他們將被利用視為成長的動力，是非常正面積極的態度。他們不會選擇正面衝突，會盡量想辦法，讓自己不站在鋒頭上。

在人際關係以及做事情的過程中，我們很難直截了當地把事情做好。我們有時需要等待，有時需要合作，有時需要技巧。我們做事情會碰到很多困難和障礙，有時候我們並不一定要硬幹，我們可以選擇迂迴策略，這樣做事也許會更加順利。讓人覺得你這個人成熟穩定，你才能把事情做成。

我們常常義氣用事，明知道自己的跳得不夠高，還是想快速跨過欄杆，穿越馬路，結果腳掛在欄杆上絆住了自己，摔得鼻青臉腫，弄不好還會出現事故。其實，繞一下，從斑馬線走到對面並不需要多少時間，而且還安全易行。

人生就是這樣，沒人能保證在生活中不會碰到硬石頭，碰到一些阻礙，但是聰明的人會認清形勢，看清楚利用自己的人有多強大，知道不該跟自己較真，不必跟對方較勁。繞一繞，就是這麼簡單，不失為明智之舉，而且可以確保做事游刃有餘。

# 爭取最後的笑容

每個人，在取得一定的成就時，都會發出會心的一笑。成就是對自己付出的肯定與回報，輕輕一笑是對成就的從容接受。

每個人在奮鬥的過程中，都吃盡了苦頭，聰明的人，在取得一些小突破時，並不會得意忘形，畢竟還有更大的考驗在等待自己，最後的成功才是具有決定意義的成功，而最後的笑聲才是最甜的，起初的成就和痛苦只不過是為後來而設的奠基石。

大家觀看體育賽事一定見過這種局面：持續領先的參賽者在最後關頭被後來者追上。例如在十公里賽跑，不論領先了多久，只要在最後一百公尺的時候被人超越，這塊金牌就只能成為別人的囊中物，這時便應總結失敗的原因，奮起再戰，等待下次的微笑。

提起莎莉・拉斐爾，在美國是無人不曉的人物，因為在她三十年的職業生涯中，先後被辭退十八次，不過樂觀自信的她從來沒有被這些挫折打倒，每次被辭退，她都將其視為邁向更高職位的機會，從而確立自己人生的更高目標。

在莎莉最初就業的年代裡，美國幾乎所有的電臺都認為女性沒辦法吸引觀眾，所以沒有一家電臺願意冒險雇用她。但是她憑藉著堅韌不拔的毅力，最後在紐約的一家電臺謀到了一個職位。可是沒有多久，她就被辭退了，原因是她的思想跟不上時代的潮流。莎莉沒有想到，自己剛剛開始工作就已經落伍了，但是她很慶幸，因為這家電臺讓她了解到，下一步她應該再學些什麼。想到這裡，她笑了。

之後的日子裡，她又向國家廣播電臺推銷她的節目構想，電臺勉強答應了，但是要求她在政治電臺先主持節目。「我對政治了解不多，恐怕很難成功。」她猶豫了，可是那股不服輸的精神漸漸占了上風。她利用自己長期在電臺工作的優勢和平易近人的作風，坦誠地談起即將到來的七月四日國慶日對她自己的意義，另外她還邀請觀眾打電話來暢談感受。觀眾對這個節目非常感興趣，因為他們感覺自己不僅僅只是一個聽眾，而且是一個參與者。莎莉也因此一舉成名。

如今，莎莉已經是著名的自辦電視節目的主持人，並且還兩度獲得重要的主持人獎項。在介紹自己成功的人生經驗時，莎莉說：「我先後被辭退了十八次，本來可能被這些厄運嚇退，做不成我想做的事情。結果相反，我讓它們鞭策我永遠向前。」這就是莎莉，一個永遠樂觀的女人，她知道凡事只要換個角度解決問題，就有可能成功。

人際交往是一座嚴酷的熔爐，只有真金才能夠經得起考驗。而困境中的逆流而上，才能夠顯示樂觀者的本色，要相信誰笑到最後，誰才是勝利者。

我們都清楚，被人利用的過程很重要，但結果更重要，甚至可以說是結果決定了過程。結果一無所有，那麼你的過程也就毫無意義。結果是成功的，你的過程才有存在的價值和意義。例如，有人年少輕狂，在與別人的交往中先是如魚得水、左右逢源，後來因為事業受到阻礙，最終窮困潦倒而一無所有，那麼別人與他會保持著什麼樣的關係呢？

因此，爭取「做最後的勝利者」才是我們在人際交往中的最高戰略目標。為了達到這個戰略目標，以下幾點是應該注意的：

首先，不要過於看重某一次勝利。如果能取勝盡量取勝，當然不必要放棄，因為勝利可以增強我們的自信心、提高士氣。如果這個勝利的意義不是很大，跟取得「最後的勝利」相衝突或無關係，且又消耗體力、腦力的話，那麼我們完全可以放棄這個勝利。

其次，不要過於在意失敗。一次小小的失敗對「最終的勝利」並沒有太重要的影響，就讓它去失敗吧。

第三，要站在戰略的高度，時刻認清目前的處境，並了解應如何去實施戰術。要對戰局有一個清醒的認識，而不是眉毛和鬍子一把抓，糊里糊塗的，甚至當最後的決戰到來時還搞不清楚狀況，這樣勢必會耽誤了戰局而走向失敗。

最後，要保住每次的作戰結果。因為只有一點一滴的積累，才能將自己的實力壯大，進行最後的決戰。人的通病就是好戰，一旦取得了一次勝利，便。萬一下次可望第二次勝利。失敗怎麼辦呢？因此必須仔細衡量，以保住目前戰果為上。人的一生也是一樣，最後階段的勝利也是由人生不同階段積累而得來的，前半生失敗，到了老年再去爭取勝利，還有力氣嗎？畢竟，沒有戰果的戰爭根本不算勝利。

要成為一個能夠取得更大成就的人，就不要因為眼前的一點小成就而迷失方向，未來的路很長，能夠笑到最後的人才算得上是真正的成功。

CHAPTER 08

# 鍛鍊讀心術，避免被欺騙

# 謹防被小人利用

小人是指那些人品低下、心眼狹小且私心重的人。他們把時間全用在算計人而不是事，為了追逐自己的利益，毫無品德可言。對付這樣的人，我們應做好必要的防範，避免吃虧上當。

沒人喜歡與小人打交道，但又難以避免這樣的情況發生。小人的臉上不會刻著「我是小人」幾個字。我們要有足夠的定力，讓自己不被這樣的人利用。

我們常說「寧得罪君子，勿得罪小人」，君子會坦坦蕩蕩，當面就提出看法；而小人嫉妒心強，表面上與你無比親密，稱兄道弟，背地裡卻在算計著如何採取報復措施，一旦你超過他，他就打心底感到不舒服，給你搞破壞。所以對待這種人一定要小心。弄不好從此就沒有安寧的日子過。

張巽與孟坤是多年的朋友。孟坤平時收入不是很高，不時會從張巽那裡借點錢。張巽是個很隨和的人，總是給他提供幫助。

有一次，張巽要列一筆龐大的工程預算，他得知孟坤在這方面很擅長，就想請他過來幫忙。孟坤興奮地答應了他的請求，說「這點忙他在行，應該過來幫」。因為兩人關係處得不錯，所以，張巽沒與對方談報酬的事情。另外，孟坤也一直說是過來幫忙，張巽想如果上來就和他談報酬的事，怕孟坤誤會說看不起他。

但是，當預算出來後，孟坤卻向張巽索取極高的報酬，而且還樂呵呵地說：「咱們關係一直不錯，算你便宜點！」張巽這下傻眼了，本來想讓朋友過來幫忙算便宜點，沒想到反倒要價比請專業人員要價還要高。

張巽不好意思地對孟坤說：「這個價是不是太高了，我們可以按市場價算呢？」而孟坤卻立即翻了臉，張巽只得把錢給了他。

沒想到，後來孟坤還到處宣揚張巽占自己的便宜，弄得張巽痛苦不堪。

生活中，像孟坤這樣的自私自利、見利忘義的小人不在少數。要知道，世界上每個人都會為自己打算，但是，一個明事理、有道德的人是不可能不考慮他人而只顧及自己的私利的。

能夠認清周圍的小人，我們就不會擔憂自己被人利用，聰明的人即使是在這樣的情況下也能夠成就自己。但是如果被小人利用還不知道，便將會為自己帶來一場災難。他們精於心計，手段卑劣，讓人防不勝防。明槍易躲，暗箭難防，小人最精於暗箭傷人，他們從不會顧及倫理及道德，一向都是肆無忌憚，所以通常會讓君子難以招架。為了盡量防止與小人過招，我們可以從以下幾個方面著手：

**1. 與小人劃清界線。**

有一種小人喜歡在人前展現自己的優越感，不管別人說什麼，他都認為不對，任何事情無論懂不懂他都要提出見解，嘲笑他人的看法。如此強大的虛榮心其實來自他們深沉的自卑感，因為對自己不夠有信心，所以喜歡別人也像他們一樣，把別人帶入和他一樣的負面思考中。這樣的小人著實是阻礙我們成功的絆腳石，如果不幸與他們打交道，千萬要記得劃清界線，看清楚對方的傲慢其實來自嫉妒，他的否決未必客觀，因不必受到太多影響。

**2. 採用冷漠的態度。**

有些小人喜歡在背後亂說別人的是非，把造謠當做一種快樂，目的再於引起別人對他的注意，把自己變成一個焦點人物。對付這樣的人，我們最好冷漠以待。清者自清，只要我們表現得不把他們的話當一回事，他們也就沒有了繼續造謠的興趣。

### 3.吃些小虧不在意。

如果只吃了一些小虧，就不要太在意，就當交了一點學費，讓自己長點記性。否則，硬要從他們手中把失去的那一點東西搶回來，只會讓他們更想我們整倒，因小失大。

### 4.適當地予以還擊。

當我們剛進入一個新環境中時，最常碰到的小人就是仗著自己資歷老去欺負新人。像這樣的小人，在做事的時候都挑簡單輕鬆的做，他們認準了新人沒脾氣，所以出力最少邀功最多，或者為了顯示自己的資深地位，對新人做出一些排擠動作，以欺負新人為樂。如果這樣的小人會讓我們感到為難，在忍無可忍的情況下，也可以適時地加以反擊。

### 5.懇請他人來評判。

有時候，對付小人的最有效方法就是：小人奸險，我們要比他們更奸險。既然他們不仁，也不能怪我們不義。不妨果斷請出主管解決問題。如果連主管都拿他們沒法，還敬他們三分。那只能說明這些小人的背景並不簡單，還是趁早另謀高就吧。

富豪江南春在接受電視訪談時，公然說起自己當大學學生會主席時，把待遇最好的工作招聘消息私藏起來，自己去應徵，並堂而皇之地認為這是學生會主席應有的福利。你說，他到底算是「正大光明的小人」，還是「精於算計的聰明人」？

一顆老鼠屎能壞一鍋粥，平靜清澈的湖水也會被小人攪得混亂不堪。如果不幸碰到了這樣的人，我們只能把這件事當成漫長道路上的一個小插曲，不能把精力過度用在他們的身上，太在乎那些小人的一言一行，不僅亂了自己的方寸，還會讓他們囂張跋扈，更把自己當個人物。我們要將目光放得長遠一些，前進的道路上困難還有很多，需要我們一一去克服，不需要為小人停滯。

# 熟人也可能成為騙子

長期以來，人們總是喜歡說這樣一句話——不要和陌生人說話，尤其是那些大人對孩子總是一再提醒，生怕他們被拐走。在這個交際圈子越大越好的時代，和陌生人談吐的層次越高，對自己的未來越有幫助。如果只把交往的對象局限在親人朋友這些熟人的小小范圍，很難取得事業上的突破，更何況，你確定這些熟人是真心真意地與你交往嗎？

在一定程度上，熟人算是對我們瞭若指掌，他們了解我們的喜好、個性。當他們有意行騙的時候，深知可以採取什麼樣的辦法來迷惑我們。本來我們對熟人的警惕性就不高，甚至根本不會對熟人設防，他們略施手段就能抓住我們的弱點，讓我們從一個所謂的朋友變成了受害人。

謝先生由於工作的關係認識了女子施某。在一次聊天的時候，謝先生無意間將自己急於買房子的想法告訴了施某，恰好施某前些天曾陪朋友看過某個預售屋案件。得知謝先生要買房後，她萌生了騙錢的想法。施某謊稱在該售樓處有熟人，能以內部認購價格幫謝先生買到便宜房子。謝先生信以為真，便將購房一事託付給施某。之後，施某偽造了認購需要的證明資料。去年一月初，她將偽造的認購資料交給謝先生。謝先生痛快地將三萬元訂金交給了趙某。

去年三月的一天，施某假意陪同李先生看房。由於施某來過此處，所以售樓處的工作人員與她很熟，謝先生對她更是深信不疑。施某趁熱打鐵，又拿出一份偽造的購房合同交給謝先生，並提出需要交十二萬元頭期款。謝先生看過了房子又拿到了買賣合同，轉天就給了趙某十二萬元，此後卻再也聯繫不到施某了。謝先生心想肯定是上當了，趕緊報案。

有些時候，我們太過固執，寧可相信熟人的一句話也不願意相信陌生人的十句話，總以為熟人不會對自己不利。連兔子都不吃窩邊草，熟人正好就利用了這一點，把我們作為最先下手的目標，利用我們，欺騙我們，而我們還有可能認為他們是在替我們著想。

其實，熟人之間最容易互相利用甚至是互相欺騙，而最有代表性的案例當屬於讓人深惡痛絕的傳銷。

小梅與阿華因為一起打工而成為好朋友，後來阿華去了南寧，兩人的聯繫也就沒那麼頻繁。

一天，阿華打電話給小梅，說他正在南寧投資一家婚紗攝影禮服出租店，叫她也來投資。小梅不由得被阿華所描述的美好前景觸動，迅速趕到了南寧。

當小梅興沖沖地趕到南寧後，阿華卻告訴小梅，自己並不是投資婚紗攝影禮服出租店，而是在做「連鎖銷售」業務。這種「連鎖銷售」是由行內人推薦加入的，只要交錢購買「份額」，加入後便可以發展合作夥伴，繼而可從自己發展的合作夥伴中分到高額提成。剛開始小梅還半信半疑，阿華便天天帶著她去聽「連鎖銷售」的演講，認識那些因做「連鎖銷售」發達起來的朋友。經過一段時間的「洗腦」，小梅最終將六萬元交給了阿志，買了二十份份額。

有了份額，小梅就該發展下線了，小梅準備先發展自己的父親，但小梅的父親一到南寧，便明白女兒是陷入了傳銷騙局中，勸小梅不要在這條路上越陷越深，但小梅深信這是一個賺錢的好方法。小梅的父親一氣之下獨自回了家鄉，臨走前留下一句話：如果小梅再不醒悟，他就當沒她這個女兒。

父親的話讓小梅感到有些不安，她藉口家中有急事從南寧返回了老家。在人們的勸說下，小梅上網詳細查看了有關傳銷組織的資料，這才認識到這個騙局的可怕。

後來，小梅才知道阿華先後發展了他自己的女友、姐姐、堂兄等親人加入傳銷組織，而他自己也在南寧遊玩時被朋友拉進去的。

利用熟人進行行騙的現象已經不只是個案，很多行騙都把熟人當做最好的目標，很多人在事業上的失利，恰恰是被熟人、親戚或朋友利用、欺騙所致，而自己還一直蒙在鼓裡，還會感謝他們安慰與照顧。

當然，並不是說所有的熟人都會對我們不利，不能走這種極端路線。人活著，怎麼能離開熟人的幫助和關心？我們只要能對周圍的人有正確的認識，認清他們的人品。有的人在別人面前總是帶著面具，不展露自己真實的一面，我們就要揭開這層面具，看清他們的真正面目；同時，我們也要能夠抵擋得住利益的誘惑，不能被他們的花言巧語迷住，很多時候，受到欺騙的人都是那種愛貪小便宜、要點小聰明的人。

天上不會真的掉餡餅，不要被那些所謂熟人的假象蠱惑，他們在投下一個餡餅的時候，同時會設好下一個陷阱，等著我們往下跳。我們一定要擦亮自己的眼睛，好好認清那些熟人。

# 學會在被利用時保護自己

在人生的旅途中，我們總是隨時被利用著，我們不能也不該拒絕被利用，因為這是實現我們價值的有效途徑。如果沒有人對我們感興趣，就代表著我們的能力沒能得到他們的認可。我們對被利用無需排斥，但要在過程中保護自己，不能被小人利用，以免受到傷害和欺騙。

有時候，與我們往來的人並不是單純利用我們的能力，在他們的背後，有著不可告人的祕密，把我們當成達到其目的的工具。

周聰和韓冰是一間廣告公司的同事，由於兩人是同一天進入公司，又是老鄉，關係自然非同一般。

在兩個月的實習期間，兩人相互幫助，取得了很好的成績，主管十分滿意，本來公司只有一個職位的空缺，但最後兩人都被成功地錄用。

在接下來的時間裡，他們兩人成為公司的重要人物，深受部門經理的器重和賞識。一次，公司新接了一個專案，對方是一個大財團，需要公司盡快給他們一個企劃案。為了盡可能滿足客戶的需求，經理決定讓周聰和韓冰各自擬出一套方案，對方對哪個滿意就採用哪個。他們兩人都深知這個方案的分量，信心滿滿，表示要將自己十二分的熱情投入到這個方案中。

下班後，韓冰邀請周聰一塊吃晚餐，說是感謝他前一段時間的幫助，周聰也就愉快地接受了。在晚飯的時候，兩人喝了一些白酒，周聰酒量本來不好，就有點迷迷糊糊了，韓冰乘機從他口中套取了他的方案。

第二天上午，當周聰拿著自己的方案給經理過目時，經理說：我果然沒看錯你們兩個，還真想到一塊去了，韓冰的方案一早就交上來了，對方很滿意，已經被採用了。說著，把韓冰的方案備份遞給周聰，讓他也看一看。

周聰見此情況如大夢初醒，真想大喊自己上當了。但是這件事除了自己，還有誰會相信，別人只會以為他是嫉妒韓冰故意找碴。就這樣，他也浪費了一個大好的機會。

害人之心不可有，但是防人之心可不能沒有。當我們與人交往的時候，一定要有自己對人對事的判斷力，留一手自己的「殺手鐧」總是好的。尤其是當我們處於管理者的位置時，別人對我們總會心存幾分敬畏，對我們的言行總是附和認同，但是真心與否就不得而知了。我們要學會在複雜的關係中保護自己，無論與人的關係再怎麼熟絡，不該讓人知道的還是保密的好。這不是因為自己能力不夠，而是為了避免因為大意而發生遺憾。

每個人都要有防人之心，不要讓自己在別人的眼中總是赤裸裸的，與我們打交道的人很有可能是出於「暗算」我們的目的。多一個朋友比多一個敵人好，雖不必把每個朋友都當敵人看待，但也要學著多長幾個心眼，有的人在別人面前表現的並不高調，看起似乎是言聽計從，其實是心懷鬼胎，瞅准機會就出手。

為人處世，一定不能掉以輕心，這既是對自己的保護，也是對別有用心的人的一種有效扼制，可以確保自己就算被利用了也不至於被欺騙。當我們處於不同環境中時，不能把眼前的人全都看成自己的知心朋友，然後無所顧忌地高談闊論。有時，我們在表面上也得有著「虛偽」的一面。真正了解了對方，才能讓我們盡量少碰到一些阻礙。

有些人太急於擁有屬於自己的交際圈，對交往的對方過度依賴。他們總以為只要自己是全心全意的，那些與他們交往的人也應該會一樣地回報他們。很多時候，這些人正是利用這一點，透過欺騙而達成自己的目的。

相信一個人，首先要有區分這個人「說話」的能力；相信一個人，還要了解這個人的能力；信任一個人，首先要了解這個人的人品。在不了解一個人的能力和人品之前，還是

「疑」著用好，這就是「試用期」的概念。對一個人審核是否值得信任，靠的就是「試用期」。

世界上沒有永遠的朋友，也沒有永遠的敵人，只有永恆的利益。在我們追求成功的道路上，第一次被人利用時能夠取得一個小小的成就，並不能意味著我們之間有著共同的目標，我們需要時刻保持謹慎，不要在最後被人擺布。不經一事，不長一智，不要等到失去了才懂得珍惜，被欺騙了才覺得後悔。現在開始保護自己，從小細節做起。

# 朋友之間要「親密有間」

朋友是一種很神奇的關係，兩個原來沒有血緣的人由於一個偶然的接觸，從此便結下了深厚的友誼，有時候，朋友甚至比父母、配偶更了解我們。

雖說朋友多了路好走，但正是因為他們更加清楚我們心底的祕密，被朋友利用和欺騙的事情並不少見。每個人都應該擁有自己的一片小天地，那是一片不容許任何人進入的禁區。朋友之間的相處如果過於隨意，就容易讓對方侵入自己的禁區，從而引起隔閡、衝突。

如果他們是偶然間闖入禁區，我們會覺得可以理解，可以寬容。若是他們有意闖入，甚至沒安好心，有意破壞，長此以往，我們便將受到傷害。在與人交往的時候，即使對方是自己最好的「閨密」，也要保持一定的距離，彼此間雖然親密，但也要保留空間。

距離是一種微妙的空間，是一種美。我們所說「與朋友保持一定的距離」，並不意味著我們不需要朋友，只是在我們與朋友交往時要懂得衡量，防止被最親密的朋友算計。

陶威和秦侃是從小一起長大的朋友，陶威為人直率，對秦侃總是有話就說，經常把心裡話告訴秦侃，而秦侃就不一樣，他喜歡什麼事情都藏在心裡。在陶威的眼裡，秦侃是他最好的朋友，也是最可靠的朋友。

陶威在一家大公司做銷售，每個月的業績都很好，也算是小有成就，而且他為人和善，同事們都很喜歡與他交流。這時候的秦侃正處於人生的低潮，自從他從原來的公司離職後，一直沒有找到滿意的工作。他看到陶威事業順風順水，總覺得不太甘心，但他並沒有表現出來。對於秦侃暫時的低迷，陶威看在眼裡、急在心裡，後來他甚至向經理推薦秦侃，說了他很多的優點，最後經理終於同意讓秦侃來公司上班了。

起初，秦侃的確很感激陶威，有什麼事也喜歡對陶威說，但是漸漸地，他覺得陶威總是在他面前炫耀自己，似乎是在嘲笑他。這些都讓秦侃深深記在了心裡。

沒過多久，陶威需要出差，臨走前對秦侃說：「這次我出去除了要辦公之外，還有一件關係到我們未來的大事。」

秦侃問：「什麼事情這麼重要？」

陶威說：「我覺得現在到了闖自己事業的時候了，這次出去就是要了解一些具體情況，到時候，你就是我的一員大將，可要幫我啊！」

秦侃笑著說：「當然。」

陶威離開當天，秦侃就來到了經理辦公室，說：「經理，你知道嗎？陶威這次出差的主要目的是為自己開創公司做準備呢！他還想從公司挖一些現成的人才，說不定連客戶都會被挖走。」

經理一聽就十分氣憤，想到自己平時對陶威不薄，沒想到他是這種人，當下就打電話讓陶威回來。

陶威以為公司有什麼大事發生，馬上啟程趕了回去。走進經理的辦公室，被經理的問話嚇了一跳：「聽別人說你要出去創業？」

陶威愣了一會，說：「這只是我的一個想法，想開創自己的事業沒有錯吧。」

經理說：「有這種進取心是沒有錯，但你還想挖走公司的員工和客戶。」

陶威聽了一時摸不著頭腦，他根本沒有動過這種念頭。

最後經理冷冷地說：「咱們的廟小，伺候不了你這樣的大佛。」

就這樣，陶威被開除了。

你可曾遇過類似情景？在與人交往中，一定要懷著慎重的心。當我們向朋友敞開心扉，很有可能便從此受制於人。朋友之間靠得太過親密，知道太多祕密，總難免會造成有意無意的傷害。正因為對方是好朋友，他的無心之舉，給你的傷害自然比一般人深。如果因為害怕受到傷害與背叛，而選擇只與朋友淺交，又會有太多顧慮，會變成很多話都不能說，無法交流。

朋友能夠在某些問題上推心置腹，相互理解，是因為大家的某些處境相似，立場相同，但是這並不意味著你們的人生都是一樣的。事實上，朋友之間能夠互相了解、產生共鳴的，往往只是生活中很小的一部分。把眼光放遠看，其實雙方的想法存在著很多差異。

所以，我們選擇另外一種方式：親密有間。縱然是最好的朋友，也應有所保留。朋友沒有義務要承載我們人生那些沉重的東西，何不讓友誼輕鬆一些，簡單一些？閒時出來聚聚，有空時互相問候一下，再深入一點時，便是相互分享悲喜，如有共鳴，生命便不再孤獨。享受親密友誼的同時，讓彼此各自保有一方屬於自己的天空。有了這樣的朋友，人生足矣！

# 適時佯裝保護自己

每一天，我們都在為實現心中的目標而努力，在別人提供的平臺上提升自己，創造價值。這是一種合理的「被利用」，我們很樂意接受，但也需要為自己保有一點心機。在這個競爭激烈、錯綜複雜的社會，想要讓自己有一塊立足之地，並站穩腳步、擴大地盤，我們就要學會懂得隱藏自己，防止被別人欺騙。

我們沒有必要去探究人的天性是善良的還是邪惡的，現實告訴我們，人有著善惡之分，不是每一張良善的面貌下都有著一副好心腸。我們要正確區分被利用和被欺騙的差異。

如果與我們遇上一位少說多聽、面善心不善的人，我們肯定不喜歡。這樣的人可以說是「詭計多端」，表面上慈眉善目，內心裡努力算計，猶如平靜的海面暗流湧動，時時都可能出現危險。

但在現實中，又不乏這樣的人，不管大事小情，利用與欺騙隨處可見。在一定程度上講，與其咒罵欺騙我們的人心腸太黑，不如說是自己太大意，將人想得太完美，將世界想得太美好。雖說有種缺陷是美，就像雕像維納斯，但缺乏對別人的防範心理，帶來的可不一定是美感，恐怕只有傷感。

為了生存需要，很多動物在遇到比他們個頭大、動作快的敵人時，會選擇一個巧妙的辦法來逃生，那就是裝死。狐狸若被獵人擊中，就會迅速躺倒在原地，一動也不動，獵人以為牠死了，就會把牠放好，再去別的地方去打獵。等獵人回來收拾獵物時，狐狸早已跑掉了。維吉尼亞負鼠是美國唯一的一種土生土長的「有袋動物」。它的體形與家貓不相上下，行動緩慢，一旦遭遇危險，也會選擇裝死。負鼠裝死的伎倆之所以行之有效，是因為兇殘的猛獸——獅子、老虎、狼都不敢貿然接近剛死的獵物。因為恐懼感使獵食者的食欲受到抑制，並對已到手的獵物暫時失去興趣，這就給了負鼠伺機逃生的機會。而負鼠從裝死的狀態到突發性地撒腿逃命這一反常表現，把獵食者給唬住了，它們也就不會再去追殺這到手的獵物了。

動物在遇到傷害的時候藉由偽裝來幫助自己逃生，更何況是我們。我們在被利用的時候，內心深處也思索著如何才能戰勝對手，擺脫被利用的境地。但是在時機還不成熟時，我們不宜暴露自己的真實想法。

很多人認為，精明是必要的職場生存規則。然而，很多人不知道，精明過頭也會帶來不好的影響。

程然是一家停車場企業的經理，他在部門內管理著許多收費員。一天，老闆叫他去辦公室。原來是他部門裡的一個員工貪小便宜，收費時不給人發票，事後被人投訴。他當時感覺那個員工還不錯，所以據理力爭。老闆當下很是惱火，命他馬上調查。經調查，那個員工果然有問題，公司馬上解聘了那個員工。於是程然向老闆道歉，老闆也訓斥了他一頓。

以後老闆每次開會，或在發火訓人的時候，老闆總拿這件事說嘴。一開始，程然覺得不是很舒服，認為老闆是有意針對他。之後才發現，老闆在某些場合有些固定的習慣，是個性使然。這麼一想，程然頓時坦然。後來程然在例會上也經常拿自己這件事來告誡犯錯的同事。老闆聽著程然說這件事時，也露出嘉許的微笑。

其實，裝得笨一點，把自己的缺點拿出來說嘴，並不完全是一件壞事。如果自己處處都顯得太過強勢，自然會引起別人的不滿。

還有，左右為難是誰都不想遇到的情況，但在現實中又經常出現這樣的現象，總讓人有裡外不是人的感受。例如同事之間意見不合找你理論，或是幾個主管提出的要求不一致，就會讓你陷入一種尷尬當中，有苦說不出。

這時候，我們應當盡量不要捲入紛爭，對於一些不重要的問題，我們可以找個「這種事情我也不清楚」之類的藉口來回覆。這並不意味著我們是在逃避問題，而是在避免不必要的衝突。

我們為了獲得生存和發展的機會，必須採取謹慎的處世方式和態度，才不至於被利用和欺騙。社會是複雜的，隨處都可見陷阱、圈套，我們必須懷著謹小慎微的心，害人之心不可有，防人之心不可無。

不想當元帥的士兵不是好士兵，只是當上元帥需要一個相當長的歷程，不是想當就可以當得上，在條件還不允許的情況下，我們還是需要好好地當我們的士兵，積累各種經驗，適時地掩藏自己的能力。當時機降臨的時候，我們也不必急於一時，首先出場的不一定就是主角，要沉得住氣，才能達到事半功倍的效果。

## 牢記「防患於未然」的古訓

有的人總是能夠從長遠考慮，心思慎密，把可能會出現的問題事先想好解決方案，等到問題真的發生時，不會手忙亂；有的人則是走一步算一步，他們只顧著埋頭走路，不注意看前面的路是平坦還是崎嶇，是鮮花滿地還是荊棘叢生……當他們猛一抬頭看到前面的路泥濘難走的時候，頓時感到空前無助。

世界上的事情往往是複雜的多，簡單的少，我們在做事情、想問題的時候，事先就要做好充足的準備，從最壞處著眼，向最好處努力。從最壞處著眼能讓我們事先構思解決問題的方案，做到處變不驚；向最好處努力能讓我們在遇到困難的時候不喪失信心，取得成果的時候不放鬆戒心。

有的人總是存著僥倖心理，他們也許意識到可能會出現問題，只是覺得情況不會那麼嚴重，沒有必要提前就做好各種準備，把這些當成是一種無用功；有時是根本就沒有危險意識，最後在遇到問題的時候，才發現不知該如何是好。

事後補救不如過程中預防，過程中預防不如事前防範，在被利用的過程中，防患於未然才是聰明人的作為。「為時未晚」只能算是自我安慰的托詞。

四年前，小何還在一家行銷策劃公司工作。當時有一位朋友找上他，說公司想做一個小規模的市場調查。朋友說，這個市場調查很簡單，他自己再找兩個人就能完全扛下這個案子，希望小何能出面把業務接下來，他去運作，最後的市場調查報告由小何把關。

這的確是一筆很小的業務，沒什麼大的問題。市場調查報告出來後，小何明顯地看出了其中的瑕疵，但他只是隨便做了些文字編排，就把它交了上去。

四年後的一天，幾位朋友與小何組成了一個專案小組，準備一起去提交北京新開業的一家大型商城的整體行銷方案。不料，對方的業務主管在得知小何一行人的身分後，明確表示了自己的反對意見。原來這位主管正是當年那項市場調查專案的委託人。

小何當場目瞪口呆，卻也只能無言以對。

這件事給了小何極大的刺激，現在回過頭來看，當時他得到的那點錢根本就不值一提。但為了這點錢，竟給自己造成如此大的負面影響！想來真是悔不當初！

很多時候，並不是因為我們能力不夠而沒能做某件事情，而是我們太隨便，結果在不經意間被人利用了，雖然也能得到些許利益，但就長遠而言，已經等於給自己埋下了一顆「定時炸彈」。所以，在我們的工作中，要意識到這一點：沒有任何事情是可以隨意打發、敷衍的。現在種下什麼樣的種子，將來必定收穫相對的果實。

在歷史上，也有一些人，防範心理較弱，沒有做好具體的防範措施，因而被利用、吃虧上當，孫策就是一個例子。

孫策是東漢末年的風雲人物，佔有江東全部領土。曹操和袁紹在官渡交戰的時候，孫策與人謀劃，打算襲擊許昌。許昌是曹操的老巢，曹操部下聽到這事，都很恐慌。有一位謀士郭嘉卻說：「孫策新近吞併了江東的土地，誅殺了當地的英雄豪傑，這是他能得到部下拼死效力的結果。可是孫策遇事容易掉以輕心，不善防備。雖然有百萬之眾的部下，和孤身一人沒有什麼兩樣，若是有一個埋伏的刺客殺出來，他就對付不了。據我看來，他必定死在刺客匹夫手裡。」

孫策的謀士虞翻也因為孫策好騎馬遊獵，勸諫說：「您指揮零散歸附的將士，就能得到他們拼死效力，這是漢高祖的雄才大略呀！但您輕易暗地裡出行，將士們都很憂慮。那白龍化做大魚在海裡遊玩，就會被漁夫捉住；白蛇爬出山中，就被劉邦斬殺了。這都是古往今來的教訓，希望您能謹慎些。」

孫策聽完虞翻的話，說：「先生的話很有道理。」

然而，孫策卻始終改不了老毛病。等到他出兵襲擊許昌時，到了長江口，還沒過江，就像郭嘉預料的那樣，被許貢的門客所殺。

沒有人是完美的，總會有自己的弱點。孫策也算是一個風雲人物，卻終因自己過於大意而丟掉性命。

做人，尤其是做聰明人，一定要有一顆防患於未然之心，居安思危，高瞻遠矚，這是在被利用中成大事的根本。有些人等到出現漏洞以後，才知道自己做錯了，這是庸人的行為，不要等到被人欺騙、損失慘重的時候，才發出悔不當初的慨歎。

要想成功，就必須有先知先覺，有先見之明，什麼事都能先人一手，先人一著，就能取勝。等他人趕上，你又向前推進一步，與他拉開了距離，如此一來，你就長期處於領先地位。很多時候，當我們在面臨問題的時候，可以想著最好的結局，不過要有最壞的打算。這樣，我們就能想別人沒有想到的，做別人沒能做到的，即使是最糟糕的情形出現，也能沉著應對。

# 練就辨識主管的「火眼金睛」

常言道「男怕入錯行」，說的是選擇合適行業的重要性，也是我們最初給自己定位的重要性。然而，當我們進入一個適合自己的行業，就一定能取得想要的成就嗎？也不盡然。

在被人利用的時候，會想取得一定的成功，我們需要有個好的主管。好的主管就如伯樂之於千里馬，遇到伯樂才能讓千里馬盡顯其能。在好的主管手下工作，我們才能充分發揮才能，展現自己的價值。至於壞的主管則會成為我們前進道路上的障礙。為此，我們就需要練就一雙能夠識主管的「火眼金睛」。

呂琪同時收到三家公司的聘用通知，其中兩家公司的員工人數達到數千人，另一家剛成立沒多久，規模還很小，員工人數根本不能與那兩家比，而呂琪偏偏選擇了這家小公司。

她認為，這家公司工作條件雖然還不夠好、待遇還比較低，但主管是個精明能幹而又寬厚謙遜的人，這樣的人將來肯定會有大的作為，跟著他幹，肯定是一個明智的選擇。她是一個有著長遠目光的人，不會只顧著眼前的一點好處。自從呂琪上班後，她每天都辛勤工作，拼死拼活地為公司效力。幾年的時間裡，公司一直在快速發展，員工人數也成長到一百多人，此時的呂琪已經成了公司副總經理、第二股東，每年都有著相當可觀的收入。

所以說，一個員工的發展與主管有著緊密的關係。我們不能病急亂投醫，一定要想清楚到底誰才是真正的好主管，選一個真正的伯樂。我們在面臨事業上的選擇時，要從不同的角度去思考問題，不能只被眼前的一些小利吸引，要為未來著想。

然而，社會是複雜的，什麼樣的人都有，有明爭、有暗鬥，處處都可能設下了陷阱，一不小心，就可能成為主管或同事利用的對象，尤其是一些年輕人，很可能被人忠實的外表欺騙，結果上當受騙吃大虧。

許祥是剛剛進入社會的畢業生，到了一家工廠的車間當調度員。一天，車間主任告訴他，公司下達了加工兩種型號汽車配件的任務，時間很緊，並徵求他的意見，看如何安排。許祥提出，最好充分發揮各種設備加工的能力，將兩種配件同時安排、同時生產。主任採納了他的建議，並讓他著手組織生產。但是，在配件加工的過程中，主任又突然告訴許祥，上級通知，其中一種零件應提早交貨。此時再更改生產計畫已不可能，只能眼睜睜地看著延誤交貨期。廠長對此十分惱火，要追究主任的責任，而主任卻把責任全推到了許祥身上，並無中生有地說，自己並不同意這種安排，完全是許祥自作主張這樣做的。廠長扣了許祥當月的績效資金，把許祥氣個半死，卻有理無處說，因為沒有證據。

剛剛進入社會的年輕人，由於缺乏經驗，可能還不十分關注一個主管對於自己的重要性，常常會被人利用還蒙在鼓裡，當被追究責任的時候，也不得不強忍著不公的對待，打落了牙只能吞到自己肚子裡。

既然一個好的主管對我們如此重要，判斷一個主管是好是壞也就顯得更為重要。對我們而言，能夠早早地識別主管的好壞，就可以更完善地趨利避害，得到更好的發展。

好的主管不一定就是傳統意義上的好人，沒架子，與員工打打鬧鬧。這樣的主管在平時和大家像親密的朋友，但真遇到問題的時候，不一定能及時做出有效的措施。像這樣的主管雖然為人親切，但作為主管的能力十分有限，他連自己的未來都不能明確，更別提在他手下工作的人了。好的主管具有真正的領袖氣質，能夠準確地判斷形勢，雖然平時與員工之間總是保持著一定的距離，但卻總是能讓員工折服。

好的主管懂得如何開發下屬能力，他們能給員工創造鍛鍊學習的平臺，同時還讓員工感覺到快樂，更加踏實。

好的主管善於授權和放權。在制訂好了目標、流程和考核指標之後，一個好主管應盡可能把自己的權力下放。只有主管絕對信任下屬，下屬才能奉獻責任心，也才能迅速成長起來。

好的主管還具有規劃未來的能力，能給員工明確的方向，讓員工在最合適的崗位上做最適合的事。有的主管認為員工在部門內就得聽自己的，凡事自己都是對的，以自己為中心，有著這樣思想的主管很容易扼殺員工的創造性。而當員工需要點明方向的時候，主管往往用這樣的話來搪塞「如果什麼都問我，我還要你幹什麼！」所以一個主管，他的首要責任就是幫助下屬規劃他的未來，為下屬佈置好任務，讓下屬去執行。如果一個主管連這點能力都不具備的話，那麼可想而知，在這樣的主管底下做事，是多麼的度日如年啊！

對我們而言，認清自己的主管，能夠更完善地趨利避害，為自己的發展爭取更多的有利條件，提升自己的能力，同時，也不至於被人蒙在鼓裡，做一些對自己不利的事。

# CHAPTER 09

# 贏得上司信任是關鍵

# 欲被老闆利用，「聽話」是關鍵

在人際交往中，我們要清楚自己的處境，有些人心高氣傲、自命不凡，總喜歡與老闆唱反調，結果就是不斷為自己招來麻煩。不錯，我們能被利用說明我們有價值，只是這個平臺是老闆授予的，「解釋權」在他們手中。所以我們要學會服從，做一個老板眼中「聽話」的人。

有些人極有個性，當他們對老闆的計畫和下達的任務有不同意見時，為了顯示自己有獨特的見解，有自以為更妙的方案，便公然向老闆發出挑戰書。最後聰明反被聰明誤，成了老闆心目中的反派人物。

老闆也是一種權利動物，要想在短時間內給他們留下一個美好的印象，獲得他們的信任，我們就得學會聽話，服從他們的指示。在老闆的思維來看，至少在公司裡面他們就是權威，員工不服從安排的行為，就是對老闆權威的懷疑和挑釁。也許，老闆可以容忍手下的員工效率不是很高，能力不是很強，但他們絕不會容許眼皮底下存在一個不服從安排的員工。

這樣的員工到哪兒都會成為老闆的眼中釘，無法在公司獲得好的發展。老闆明明給了他們機會，他們卻不去執行，讓機會眼睜睜地溜走。而且這樣的員工總覺得老闆說的是錯的，到哪兒都得不到老闆的賞識。

威廉是一家外資企業的老總，他很重視員工執行指令的素質。

一天，他召集了幾個平時表現出色的高級主管，告訴他們：「各位優秀的主管們，我們公司將有一個新的改制計畫，就是把幾個部門的內部制度進行融合、調整、更新。當然，在真正實施之前，需要你們幾位先用一個星期的時間到外地的各大企業做一個全面的調查，然後把你們的所見所聞給我彙報上來，半個小時後開始執行！」

說完，他便回到辦公室，小心地觀察幾位主管的動向，有幾位主管聚在一塊兒討論了起來，說：「外面溫度這麼高，天氣這麼熱，調查完這麼多企業，還不都累趴下了，我猜老總應該已經計畫好了，就算是我們提出了新的改革方案，他也不一定會按照我們的調查結果來執行。」

這些主管越說越激動，越說越來氣，他們只顧著埋怨，就是遲遲沒有開始行動的意思。最後，有一個年輕的主管走了過來，對其他幾位說：「兄弟們，時間不早了，咱們趕快行動吧，反正只有一個星期期限，出去走一走也可以長些見識啊！」

一個星期過去了，他們都提交了各自的調查報告，讓大家有點意外的是，那位年輕的主管得到了提拔，出任了市場部的經理助理。

「我必須挑選服從上級決定完成任務的人。」威廉說，「每個企業都必須重用服從決定努力完成任務的員工，這樣企業的效益才有保障。」

每一位老闆都青睞服從安排、執行力高的員工。想要得到老闆的依賴、培養，首先就要學會服從老闆的安排。一個能夠發展的企業，需要擁有優異執行力的員工。

在服從的同時，我們還要注意以下兩點：

**1.多說「YES」，少說「NO」。**

當老闆特意把我們叫到跟前，詳細地向我們交待一件任務時，我們一定要有拿出保證完成任務的勇氣，不要抓頭撓腮地說「自己可能不行」。要知道，老闆都是有智慧的，當他們覺得我們有這個能力把事情做好的時候，才會交付我們新任務。這既是老闆對我們能力的肯定與信任，也是老闆對自己眼光的肯定。如果我們表現得像是大難臨頭的樣子，在他們心中的印象自然會一落千丈。

這種情況本來是一展身手的大好機會，我們要信心滿滿地把老闆交待的任務圓滿完成，一個對自己的能力感到疑惑的人，怎麼能指望別人能信任你呢？任務有難度沒有關係，多向別人請教總能找到解決問題的辦法。

## 2.服從不等於當個應聲蟲。

事情不可能完全按照老闆的規劃發展，他也不會考慮到每一個細節。雖然服從安排與指示是對老闆表示忠誠的最直接方式，但很多時候，老闆也需要聽取員工的建議。如果一個員工只是盲目地聽從指揮，老闆說怎麼做就怎麼去做，是不會得到老闆重用的。畢竟老闆需要會做事、會考慮問題的員工，一旦他們的決策出現紕漏，而員工一切照辦的話，將會給公司帶來損失。更何況，我們在完成任務的時候，總會有一些新情況出現，不可能什麼雞毛蒜皮的小事都詢問老闆的意思，要相信自己的判斷力，謹慎把事情做好。

萬科企業的接班人郁亮曾說過：「王石執行董事長的話要過夜。」意思是，即使是老闆的命令也不能盲目執行，要進行更全面的考慮。全面考慮後，再回饋自己的意見。

所以說，服從老闆的安排才會給老闆好的印象，得到更多的機會，但一個完全服從的員工未必就是老闆心中的好員工。能夠有更大發展作為的人，總能巧妙地把自己的看法向老闆闡釋清楚。委婉地讓老闆發現到了自己的不周之處，及時做出調整，這樣的員工，一定能讓老闆對他另眼相看。

# 讓老闆享受被尊重的感覺

每個人都會有這樣的心理：希望得到他人的喜歡、尊重和理解，希望自己獲得他的肯定。老闆是一個公司的核心人物，更希望得到下屬們的尊重，這樣才能體現出老闆的威望。老闆的言行及決策往往都是經過深思熟慮，當他們的決策下來後，希望得到下屬的認可和尊重。作為一個下屬，我們要尊重自己的老闆。

當老闆對一件事情拍板定案後，不要覺得是折騰，要積極地配合。要知道，無論自己現在是管理階層還是普通員工，主要任務就是協助老闆完成決策。因此，就算老闆的決策無法讓你滿意，也不要魯莽地違背老闆的意思。

有些人對自己的老闆感到反感，還一度認為跟老闆「對著幹」是值得驕傲和炫耀的事，然而無論你再怎麼討厭他，仍舊得在他的手下做事。與其痛苦地面對，不如開始接納他，並打從心底尊重他、理解他。只有尊重老闆，用心盡力，才能得到老闆的依賴和關心，相處得更融洽。

一般說來，老闆在各方面都比下屬有一定的優勢，例如工作經驗豐富、有較強的組織、管理能力，看事情具有遠瞻性觀點等等，這些都值得下屬尊重和學習。當然，老闆一樣會有缺點、會犯錯誤，這是無法避免的。這時，有些下屬會覺得老闆層次不夠高，便開始陽奉陰違，甚至頂撞、搶白老闆。缺乏對老闆最起碼的尊重，就是你與老闆關係嚴重惡化的開始。

現代社會，越來越多的企業都開始提倡「人性化管理」，老闆也不再總是擺著一副嚴肅的臉孔，給人一種高高在上的感覺。這樣的老闆為人隨和，沒事總喜歡跟屬下開開玩笑，聊聊天，以此拉近與下屬之間的距離。擁有這樣一個老闆，工作顯然能夠輕鬆許多，但是作為下屬的我們千萬不要認為與這樣的老闆就可以真的無話不談了。我們要明白，與老闆顯得親密是好，但是我們也不能忘記尊重老闆，所有的老闆都喜歡被尊重的感覺。只有得到了你的尊重，老闆才會對你產生好感，才會幫你在未來的發展道路上排除障礙。

二十六歲的何蕊相貌出眾，還能講一口流利的法語，在與外商談判的過程中，她常常扮演著十分重要的角色，同事們看她的眼神都有點崇拜的味道。

何蕊剛入公司的時候，老闆很照顧她，在一次與外商談業務的宴會上，何蕊出盡了風頭。參加這場宴會前，老闆笑著對她說：「這次宴會參加的都是外商，很多事情我還得靠妳，要把握好這個機會啊！」

何蕊的確把握住了機會，可惜做得過了頭。她得意忘形地用法語與外商盡情地交談，妙語如珠，給外商們留下了深刻的印象。她與外商們頻頻舉杯，全然忘記了此次參加宴會的主角和主要目的。老闆完全被晾在了一邊，心裡就像打翻了五味瓶，很不是滋味，一時又不好發作。

這場宴會之後，過了一陣子，何蕊就被調到另外一個不太重要的部門。

在工作中，無論老闆如何放低自己的身分，身為下屬的我們要時刻明白，自己與老闆依然是上下級的關係。我們應隨時留意自己的言行，要表現出對老闆應有的尊重，避免挑戰老闆的權威。我們的言行表現要適合老闆的胃口，老闆感到了尊重，才會信任我們，滿心歡喜地將工作交付給我們。

所以，我們在日常工作中就要有適度的保留，例如在擬定一個計畫的時候，如果你覺得自己的能力足以擬定一份完美的計畫，也要學會「犯錯」，有意留下一些不足之處，讓老闆補充。如此一來，當這一份完美的計畫出爐時，便是老闆精心修改後的結果。這並不是奉承、拍馬屁，而是一種聰明的工作方式。

尊重老闆、樹立老闆的威信是每一個下屬都應該重視的問題，無論是從名譽或前途考量，都應該這樣做。平日我們在與老闆相處時，應注意以下幾方面的問題：

1.病從口入，禍從口出，在與老闆交談時要注意說話的方式。有些老闆個性隨和，希望自己能與下屬打成一片，開開玩笑都是常有的事。即使老闆會說「下了班大家就當朋友相處」，但其實還是上下級關係，作為下屬的我們可不能忘了自己的身分，一旦言語不當便會招來老闆的反感。

2.每一個人都有自己的祕密，不要沒事找事，打探老闆的隱私。有些人會誤以為聊一些私事會接近距離，增加感情。但是沒人喜歡將自己的祕密公之於眾，老闆當然也不例外。在黑社會電影中，我們經常看到這樣的場景：一個人受傷倒地，奄奄一息。這時，旁邊冷冷地冒出這樣一句話：「你知道的太多了。」就是這個意思。

3.當受到老闆批評的時候，不要急於去反駁，尤其是在公共場合，要靜靜地接受批評。不管是不是自己的錯，先默默聆聽，如此可以留給老闆一個虛心接受批評的好印象，維護了老闆的權威。當然老闆也有失誤的時候，有人也許會認為自己有理就能當眾為自己辯解，卻不知已經得罪老闆了。

樂平在一次到外地出差的時候，老闆讓他臨時改動了企劃案，樂平覺得有點不妥，就沒有照辦。回來後，老闆在會上狠狠地批評了樂平，說他自作主張，沒按他的要求辦事。樂平默默地接受了批評。會後，他單獨找到老闆，說明了具體的原因。結果，反倒受到了老闆的獎勵。

其實，老闆也是好面子的，就算是他的錯，往往也不願意承認。如果下屬當面反駁，爭得面紅耳赤，只會讓老闆下不了臺，他也許就乾脆將錯就錯，最後吃虧的終究還是下屬。像樂平一樣，在私底下澄清原因，委婉地化解了誤會，也讓自己更受到器重，鞏固了自己的地位。

樂平的經歷告訴我們：一個好下屬，應該虛心地接受老闆的批評，並盡可能地在老闆批評完後，誠懇地請求老闆給予指導，如果有機會的話，在事後還要對老闆的訓示予以感謝，千萬不要表現出對老闆不敬的態度。否則很難得到老闆信任和賞識。

我們應知道，無論你覺得自己的份量有多重，沒了你，老闆依然當他的老闆，而你沒了老闆，就成了失業人群中的一員。為了有個更好的未來，更好的發展空間，我們都得學會尊重老闆，維護老闆的權威。

# 忠誠比能力更重要

在職場上，是能力重要，還是忠誠重要呢？這是個兩難的問題。我們經常會發現這樣一個有趣的現象：每當公司的人事調動公佈後，大部分人都會感到意外和驚奇。因為那些升職的人並不是平日裡能力最突出的熱門選手，而是那些平日讓人覺得不溫不火的人，他們成了徹頭徹尾的黑馬，著實讓人不敢相信。其實，對老闆來說，這很自然，在他們看來，忠誠比能力更重要。

有些人還在固執地以為能力壓倒一切，可是無論他在工作中表現的再怎麼出色，老闆也沒誇獎他，但這個人就是不能得到升官的機會。這時候，就該好好想一想，自己是不是有什麼行為讓老闆不滿意。

忠誠影響著一個員工在工作中的付出和投入，也關係到公司在發展中是否會遇到一些不必要的麻煩。對於一個老闆來說，一個人的能力是可以透過工作不斷得到提升的，但是忠誠卻不一樣。缺乏忠誠的員工不會受到他們的青睞，因為他知道，既然留不住你，又何必花費力氣去培養你。

老闆在用人時不僅僅看重個人能力，更看重個人品格，而品格中最重要的就是忠誠度。在這個世界上，並不缺乏有能力的人，那種既有能力又忠誠的人是每一個企業企求的理想人才。人們寧願信任一個能力差一些卻足夠忠誠敬業的人，而不願重用一個朝三暮四、視忠誠為無物的人，哪怕他能力非凡。如果你是老闆，你肯定也會這樣做。

楊宇是一家公司的業務部副經理，剛剛上任不久。他年輕能幹，畢業僅僅四年就能夠有這樣的位階已經是表現不凡了。只是半年之後，他卻悄悄離開了公司，沒有人知道他為什麼離開。

楊宇在離開公司之後，找到了他原來關係不錯的同事孔華。在酒吧裡，李克喝得一塌糊塗，他傷心地對孔華說：「你知道嗎，我非常喜歡這份工作，我根本沒有過離開的念頭，但是我犯了一個致命的錯誤，為了獲得一點兒小利，我失去了作為公司職員最重要的東西。雖然總經理沒有追究我的責任，也沒有公開我的事情，算是對我的寬容，但我真的後悔，你千萬別犯我這樣的錯誤，不值得啊！」

楊宇的話讓孔華如墜入五里霧中，雖然聽得不怎麼明白，也不怎麼了解內情，但是他猜想這一定跟錢有關。後來，孔華知道了，原來楊宇在擔任業務部副經理時，曾經收過一筆款子，業務部經理說可以不用入帳：「沒事兒，大家都這麼幹，你還年輕，以後多學著點兒。」

李克雖然覺得這麼做不妥，但是他也沒有拒絕，半推半就地拿了五千元美金。當然，業務部經理拿到的更多。沒多久，業務部經理就辭職了。後來，總經理發現了這件事，李克就不能在公司待下去了。

孔華看著楊宇落寞的神情，知道他一定很後悔，但是有些東西失去了是很難彌補回來的。楊宇失去的是對公司的忠誠，他還能奢望公司再相信他嗎？

忠誠是員工對事業負責的動力，員工的忠誠和企業的信任是相輔相成的，投入的忠誠越高，收穫的信任度也越高。要成為企業和老闆信任的員工，我們就必須盡量追求卓越和完美。無論做什麼工作，都要靜下心來、腳踏實地地去做。無論如何，都不要與公司對立。

身為員工，我們有義務忠誠於企業。因為企業給予我們就業的機會與發展的舞臺；作為老闆的下屬，你就有義務忠誠於老闆，因為老闆給了我們工作崗位……

沒有忠誠度的人也許會通過頻繁跳槽來改變自己的處境，但是跳槽不但對公司沒什麼好處，也會讓自己受到傷害。一個人頻繁地跳槽，會讓用人單位對這個人感到懷疑，在哪裡都堅持不住的人不會有什麼大的本事，並且會考慮這個人在自己的公司大概也幹不了多久，從而對是否錄用他產生疑慮。而且從長遠來看，一個心裡總想著跳槽的員工，不會對現有的工作盡心盡力，因為他認為要跳到一個心儀的單位才願意不遺餘力地發揮自己的才幹，貢獻自己的能力，所以整天為找一份新工作而忙碌，在現有的工作中不願意付出。經常以這種「騎驢找馬」心態對待工作，信奉「領多少工資做多少事」，往往會導致工作中的問題越來越多，忠誠的精神越來越少。

也許有人會說：「我很忠誠於公司，忠誠於老闆，但也得讓老闆知道呀，不然還是沒用。」其實，一個成功的老闆對每一個員工的表現都心裡有數，當然，我們也可以做如下的努力：

1. 想讓老闆感受到你是一個忠誠的員工，要將自己的忠誠透過工作表現出來，讓老闆看到我們的工作成績，這是最直接的表達方式，也是取得老闆信任與好感的最好途徑。

2. 在做好自己本份同時，也要為公司的發展出謀劃策，做好每一件能力所及的事，尤其要在老闆或企業處於艱難的階段時，與他們共度難關。

3. 適時地向老闆表達自己的決心是必要的，比如說句像：「跟著您，我覺得工作的勁頭更大了。」這樣的話，表明你已經承認了老闆的權威，並願意保持對他的忠誠。

忠誠是一種稀有資源，更是一種責任，要把忠誠視為自己的責任來對待。忠誠是可貴的，往往能為人贏得極高的聲譽。每個人都應該知道，也許自己能力很突出，但在老闆眼中，你一定要是一個忠誠度很高的人，這樣才能得到重用。

## 努力工作是最基本的要求

在老闆的眼中，忠誠比能力更重要一些，當員工的忠誠度都相當高的時候，能力這個選項便自然而然地受到重視，它關係著員工能為老闆帶來的直接經濟效益。

我們常常能聽到這樣的抱怨：「在公司，我也算得上是元老級的了，對老闆也是忠心一片，這麼多年來，一直為公司打拼，可還是小職員。」忠心的確很重要，只是一個沒有出色業績的員工在老闆心目中很難有足夠的分量。工作不努力，只會逢迎拍馬的員工終究不會得到老闆的賞識。

我們必須知道，想要有更好的發展，拿出業績才是重點，而這自然需要我們在工作時更加努力，不斷取得新的成績、新的突破。這些老闆會看在眼裡，記在心裡，而且會願意為這樣的員工提供更好的發展空間。

周昊本是公司的一名小職員，每天都能看到他在辦公室裡忙來忙去，任何一個人都可以支使他去辦事，看起來，他的事情似乎永遠也做不完。

後來，周昊被調入了公司的銷售部。有一次，公司下達了一個新的使命：銷售部在第三季度必須實現六百萬美元的銷售額。

在銷售部經理和許多員工的眼中，這是一個不可能完成的任務，要知道，公司最好的單季度銷售紀錄是四百五十萬美元。他們開始對老闆的這個任務感到不滿，認為這是老闆在刁難他們。只有周昊還在拼命地工作，兩個月之後，他完成了自己的銷售額。不過，其他人並沒完全投入到工作中，在剩下的二十多天的時間裡，還需要完成兩百多萬的銷售額。

銷售部經理主動提出了辭職，周昊被任命為新的銷售經理。在這最後的二十多天的時間裡，他把精力全部投入到工作之中，他的行為也感動著員工，就在最後一天，他們居然成功地完成了任務。

後來，這家公司被另一家公司收購。新公司的董事長一出現，便任命周昊為總經理。原來，這位董事長在談判的過程中，曾多次光臨這裡，周昊在工作中投入的熱情給他留下了深刻的印象。

只有努力工作，做出令人刮目相看的業績，才能在第一時間引起老闆的注意，獲得老闆的賞識，使其對你委以重任。事實證明，只有那些既能與老闆患難與共、又對工作努力、負責的人，才最最令老闆傾心和賞識的下屬。

有些人認為工作只是為了應付公司和老闆，自己只是一個打工的，賺點工資，並沒有得到太多的好處。因此，他們的工作態度消極，總是抱著隨便應付一下的態度。這是大錯特錯的想法。畢竟只有公司大展鴻圖，員工才能獲得更大的發展空間。工作不應該只是為了老闆，也不應該只是為了公司，而是為了我們自己，這才是我們應該採取的工作態度，也唯有如此，我們才能取得業績，建立優秀的工作表現。

工作越努力，就越能夠鍛鍊自己的能力，拓展各方面的見識，當然就越能展現自己的才幹，贏得老闆的欣賞和同事的敬佩。一個職業顧問對初出茅廬的年輕人語重心長地說：「我希望每個青年都切切牢記，在你們工作的時候，不必太顧慮薪水的多少、待遇的好壞，必須注意的只有一條，那就是每天多幹一點。因為工作本身能給予你們很多的報酬，比如發展你們的技能、增加你們的經驗，使你們的人格為人所尊敬等等。」

無論現在的職位是多麼卑微，被指派的工作是多麼瑣碎，都應該把這些任務視為「使自己向前跨一步」的好機會。縱觀那些成功的大人物，絕大多數都是從做枝微末節的工作開始的，有的甚至還幹過搬運工、洗碗工那樣讓人覺得低微的工作。但是，他們並未因此而消極，而是認真地對待每一項工作，努力地把工作做好，才在最後贏得了老闆的關注和賞識，最終透過努力實現了事業的成就。所以說，不因工作的卑微而改變對工作的積極性，正是職場人士贏得老闆好感的「殺手鐧」。

世界首富比爾・蓋茨也曾這樣諄諄教誨即將踏出社會第一步的青年：「一個對本職工作不肯盡心盡力，只是陽奉陰違或是渾水摸魚的人早晚會被別人淘汰的。記住，一定要努力工作，才能讓老闆看得起你、重用你，你才有機會獲得更好的發展機會。」他在告訴我們這樣一個道理：努力工作是每個人獲得老闆賞識，獲得自身成功的最快捷方式。

如果我們是公司老闆，當我們在給員工安排工作的時候，肯定是希望員工都努力工作，幫我們解決問題，使公司的業務順利開展，讓公司的盈利節節上升。既然我們這樣希望自己的員工去做，反向思考一下，當我們回到自己的位置上時，就應該考慮，老闆既然為我們提供了一個工作平臺，我們為什麼不把公司的事情做好，為什麼不去幫助老闆解決問題？

對於工作，我們每個人都應該有這樣的想法：我們工作不僅僅是在為老闆打工，更多的是在為自己今後的發展奠定堅實的基礎。在工作中越努力，越能提升自己的價值，更能贏得老闆的信任與青睞。

# 老闆喜歡識趣的人

「識趣」是一個人能夠被長期利用的重要法則。一個人如果不知趣，難免會自取其辱，碰得滿鼻子灰，老是在人前抬不起頭。人既然在職場混，就要清楚自己的底線，知道自己能吃幾碗飯，什麼事自己能做，什麼事不能做，不要太高估了自己。

不識趣的人做事往往不知深淺，因為他不清楚自己的實力，從出發點開始就沒站在穩固的基礎上，而是從不切實際的空中樓閣做出判斷。當別人替他拆穿這層樓閣的時候，他才不得不認識到自己的無知。

識趣的前提是有自知之明。如果一個人沒有自知之明的話，真是不知其可。不識趣作為一種心態來講，就是不在意別人的看法，自己卻沾沾自喜地邀功請賞。有的人辦事能力很差，卻喜歡在完成的事情時誇耀自己，等待老闆的獎賞；有的人雖然能力不錯，卻老是無法領會老闆的真實意圖，總是弄巧成拙。旁邊的明眼人都已心知肚明，他還在那裏懵懵懂懂的，這種人除了碰壁，還真是沒什麼好說的。

陳曉是一家私營企業的資深業務員，人脈廣，業務能力也很強，在那麼多的員工中有著不錯的口碑，她自己對目前的狀況也很滿意。但是，最近自從一位名叫王月的新人加入後，改變了這一切。

王月是老闆的一個親戚，老闆安排她先跟著陳曉學習。只是王月平日十分傲慢，總是在陳曉及那些老員工面前指指點點，又不會積口德，囂張得不得了，令陳曉十分不滿，兩人的衝突也越來越多。

一個月前，公司的銷售經理離職，在大夥的眼中，陳曉是理所當然的新經理，陳曉自己也很自信。讓人沒有想到的是，王月也垂涎這把寶座，一直在老闆那裡嘀嘀咕咕。雖然老闆沒有同意王月的要求，但也沒有立即安排新的經理上任，就這樣，銷售經理一職就一直空著。

看到自己未能得到提拔，陳曉顯得有點不耐煩了。她幾次都向老闆暗示了自己的想法，可老闆就像突然變傻了一樣，根本不懂她的意思。

有一天，陳曉又與王月發生了衝突，陳曉一時怒火攻心，大聲斥責王月：「我在公司裡打拚的時候，妳還在玩泥巴呢！誰不知道妳是老闆的親戚，這樣就了不起了嗎？」

王月自然也不是善類，大聲叫：「我就是了不起了，你能怎麼著？隨時都可以讓妳走人，妳信不信……」簡直成了一場鬧劇，還好最後老闆及時出現，當著陳曉的面狠狠地批評了王月，怪她不懂得尊重前輩，並當場任命陳曉為銷售部經理。

然而自從這件事以後，陳曉卻發現老闆對自己冷淡了許多，還總是喜歡挑她的毛病，有時她被老闆說得似乎一無是處。兩個月後，陳曉覺得自己實在幹不下去了，就提出了辭職。

其實，陳曉優秀的業務能力誰都看在眼裡，老闆也不例外，在沒宣佈誰將成為新任銷售經理之前，他只是想再考察她一段時間。

在老闆面前，一定要識趣。我們要給老闆留下良好的印象，而不能讓老闆感到反感。如果你覺得自己很有能力，就不將老闆放在眼裡，說一些不識趣的話，做一些不識趣的事情，不知會有多少雙小鞋等著你穿，最終吃虧的只有自己。

在與老闆的交往過程中，我們要做到識趣，需要注意以下幾點：

### 1.與老闆交流時要識趣。

與老闆交流時，我們要學會察言觀色，正確領悟他們的真實意圖。一般情況下，如果老闆說話時不看你，這是個壞跡象，他想用不重視來懲罰你，你就要注意你的言行了；如果老闆從上到下看了你一眼，表明他的優勢和支配受到了威脅，你就要適當地妥協了；如果老闆盯著你不放，表明他想知道更多的情況；如果老闆友好、坦率地看著你，並且不時地眨眨眼睛，表明他同情你或者想想鼓勵你；如果老闆用銳利的眼光盯著你，表明他在向你展示自己的權威和優勢。當我們了解了這些，就會知道自己該說什麼、不該說什麼，這樣就會給老闆留下你「很識趣」的印象，從而對你產生喜歡的情緒，讓他賞識你。

**2.老闆發火時，要做好「蒙冤」的心理準備。**

通常情況下，不管老闆是否是在罵我們，我們最好能保持沉默。如果此時向老闆解釋或反駁，只會讓老闆罵得更凶。等老闆罵完了，氣消了，我們可以再來做進一步的解釋或檢討，這樣，老闆就會覺得你是個識趣的人，對你留下好印象。

**3.拜訪老闆時要拿捏好時間。**

我們需要在合適的時間做合適的事，只有抓住了正確的拜訪時機，才能受到老闆及其家人的歡迎。為此，我們在拜訪前一定要做各種準備，了解老闆的工作與生活習慣，知道老闆的時間安排，否則，給人留下「不識相」、「不知趣」的不良印象，那可不妙。

一般說來，當老闆工作及家務繁忙時、吃飯、休息時、情緒不好與身體欠佳時，我們最好不要冒昧去拜訪打擾；如果與老闆有約在先，應準時赴約；如是有事相求，也不宜三天兩頭去找人家；除非老闆再三並誠心誠意地挽留，每次拜訪的時間都不應過長；遇到老闆家中來客時，應該長話短說，適時起身告辭。

識趣的人是有修養的人，不識趣的人是無知的人；識趣的人能幫人解憂，不識趣的人會給人添亂；識趣的人見好就收，不識趣的人沒完沒了；識趣的人想人所想，不識趣的人為己而為。

做人就要識趣，不該說的話不說，不該問的事不問，不該拿的不拿，不該要的不要。不強人所難，不討人所厭，該進則進，該退則退。想做一個老闆身邊的紅人，就要學會識趣，不要主動去給自己找一些本可避免的麻煩，讓自己陷入一種尷尬在境地。

# 正確領會老闆的意圖

身為一個員工，正確領會老闆的意圖是很重要的，這是完成工作的過程中，絕對不可缺少的環節。

不同的老闆有不同的習慣，說話也各有特點，有的說的詳細，有的說的簡單；有的說的慢，有的說的快；有的說的委婉，有的說的直接……有時候，老闆認真地把任務交待給你了，你也認真地聽了，可是你不一定聽懂了，你的理解可能與老闆的有一定的誤差，有時甚至是天壤之別。所以，只有正確掌握了老闆的真實意圖，才能讓老闆期望出現的結果出現。

但在現實工作中，有些員工自以為很高明，不懂裝懂，到頭來反而變得吃力不討好，把事情辦得很糟。為了更完美地服從老闆的安排，領會老闆的意圖，下屬要設法跟上老闆的思維，洞悉老闆的真實想法，而不是機械地去完成老闆交代下來的每個詳細指令。

小李是一名勤懇的辦公室文員，公司的大小事務，老闆都喜歡交給她去處理，她每次都會出色地完成任務，深得老闆的賞識。在與小李閒聊的時候，老闆時常對她說「這裡的一切都交給妳了」、「在這些員工當中，我最信賴的就是妳」之類的話。

能得到老闆的肯定，小李覺得平時的努力是值得的。不過讓小李略微感到有點遺憾的是，她從來沒有因為老闆對自己的信任，而親身體驗過一次當公司主人，當家作主的滋味。一次，老闆要到外地進行談判，臨行時，他對小李說：「這裡的一切就都託付給妳了。」小李心想，機會終於來了。

在老闆離開公司的第二天，有一位客戶來訪，諮詢該公司是否要舉行一次產品優惠促銷活動。小李突然想起了老闆對她經常說過的那些話，而且老闆沒有對此事做過詳細的佈置與安排。這件事本應向老闆彙報、請示，但是她沒有，而是自行決定了這件事。老闆得知後，立即取消了商務談判，匆忙趕回公司。當小李再次見到老闆時，老闆一臉怒色，這次，她沒能得到老闆的誇獎，被老闆辭退了。

大多數情況下的，老闆的話都很難輕鬆地理解，尤其是那些重要任務更值得我們仔細盤算。雖然老闆說過「公司裡的一切都託付給小李了」，但這並不等於讓她行使老闆的權利。老闆的意思只是讓她好好工作，並留意其他員工的表現等。

記住，無論老闆多麼器重你，你始終只是個員工，主要任務就是執行老闆的決策，而不能行使老闆的權利。如果你善於領會老闆的意圖，相信你就不會像那個員工那樣，盲目的做出不該做的事情。

員工分三種：一種是既能理解領會老闆意圖，又能表達老闆意圖的人；一種是能夠理解老闆意圖，但卻苦於無從表達的人；還有一種是無法理解、甚至曲解老闆意圖的人。要當好老闆的參謀和助手，就要力爭做第一種類型的人，絕對不要成為第三種類型的人。

要能領悟老闆的真實意圖，就需要了解你的老闆，還要善於捕捉老闆的弦外之音。

公司老闆對新來的保安說：「你這個崗位很重要，工作時要細心再細心，千萬不要讓員工把我們公司生產的產品帶出廠。」新來的保安聽了之後，每天都很認真地檢查工人的皮包，一直沒有發現員工私拿公司產品的問題。

有一次，保安對老闆說：「我在這個崗位待了快一個月了，從來沒發現員工私自拿公司裡的產品。」老闆對他的表現表示讚賞。

保安得意地問老闆：「咱們公司生產什麼產品啊？」

經理答道：「皮帶。」

保安一聽就傻眼了，他完全沒有想到公司的產品是皮帶，所以沒有檢查工人的皮帶。

這個保安雖然工作態度認真，但卻因為沒有完整了解公司的產品，所以即使再怎麼努力工作，也無法發揮任何執行力。

無論從事哪一種工作，「悟性」對每個人的發展，都具有相當大的影響。悟性並非全靠天生，遇事勤動腦，悟性自然高。

我們在理解老闆的意圖時，不能生搬硬套，要拓寬思維，不斷積累學習；在貫徹時要有自己的主動性，有些人有意見不敢說，表面上看來是對主管負責，實際上是最不負責的表現。在不違背上級指示原則的基礎上，我們也該秉持自己的執行原則，懂得查缺補漏；在解決問題時切勿固執己見，就算自己的能力再強，最後擁有拍板權力的還是老闆，先斬後奏、喧賓奪主的作法絕對不可取。

如果我們不善於領會老闆的意圖，一定不會是老闆器重的員工。老闆可能會覺得我們不是一個服從指揮的員工，他也可能認為我們的腦子比較笨，不管他怎麼看，對我們的發展無疑都是不利的。如果只是被動地服從於老闆，則會讓老闆對你的能力產生疑慮，我們的才華也會被淹沒。

在做中學，在學中做，我們要努力正確地領會老闆的意圖，做一個符合標準的好幫手。如果你在執行指令時能夠清楚老闆的意圖，也不應在人前大肆宣揚，炫耀自己的解讀能力，久而久之，只會招來老闆與同事的不滿。

# 別跟老闆搶鏡頭

身為一個老闆，他會有很強的尊嚴感，行使權力、分派工作，讓事情朝著自己所預想的目標發展；身為一個下屬，需要的是強大的執行力，協助老闆完全任務。在這個過程中，我們要清楚自己的身分和地位，清楚了解，就算我們取得了成果，那也是在老闆的管理之下完成的。

身為一個下屬，全力完成老闆下達的任務是工作分內的事，如果有人喜歡出風頭，好搶老闆的鏡頭，只會讓他們覺得這個人不自量力，不識大體。如果有人鋒芒太露，則易讓老闆產生反感，成為他的心腹之患，即使他們不處心積慮地給小鞋穿，也不會讓這個人有發展空間。

所以，在與老闆相處的過程中，要認清自己的位置，不要「越位」。在足球的世界裡，越位時進的球是無效的，慶祝也是徒勞；在與老闆相處時，「越位」實質上就是越權。作為一個下屬，要知道，最佳主角永遠是老闆，自己爭取成為最佳配角，足矣。

在職場中，我們常常會看到這樣的現象：在人事調動中，如果某位主管分到一位有實力的下屬，表面上他會表示歡迎，實際上他們內心會感到五味雜陳，擔心對方有一天會「功高蓋主」，搶了自己的權位，因而會在許多事情上刁難這位下屬；而如果某位老闆分到的是平庸、沒什麼突出才能的下屬，他們則會很樂於去指導和幫助對方，因為他們知道這樣平庸的下屬對自己構不成什麼威脅。

這就說明，對於老闆來說，權位意味著一切，每位老闆都不希望下屬搶自己的鏡頭。聰明的下屬深知這個道理，所以，他們總會想方設法掩飾自己的實力，佯裝愚笨來反襯老闆的高明，最終獲得老闆的青睞與賞識。

張亮是北京某出版公司的總經理助理，有四年工作經驗的他，深知「過於聰明的下屬必得不到老闆賞識」的道理。儘管自己有能力，有才幹，卻在平時的工作中表現平平，有時還會故意裝得十分愚昧。當老闆在開會的時候闡述某種觀點後，他會裝出恍然大悟的樣子，還會帶頭叫好；當他對老闆交待的某項工作有了好的可行的辦法後，不會直接向老闆闡發自己的意見，而是在私下裡或用暗示等辦法及時告知老闆，同時，還會再拋出與之相左的甚至很「愚蠢」的意見……久而久之，儘管在老闆印象中，他有點「弱智」，但老闆卻對他格外欣賞，很是愛惜他。

後來，總經理被調到公司總部，張亮在總經理的力薦下，也被調到總部工作，薪水也漲了一倍。

張亮的經歷給我們這樣的啟示：一個聰明的下屬，時刻能夠認清自己的身分，明白鏡頭是永遠屬於老闆的。懂得掩蓋自己的才能，就是給老闆留面子。只有這樣的員工，老闆才能對其賞識有加，並委以重任。

老闆之所以能成為老闆，自然有他高明的地方，如果一味地在老闆面前搶鏡頭，想顯示自己的高明，非但得不到稱讚，反而會引起質疑。在與老闆交往時，我們要注意以下幾點：

**1.要多看到老闆的長處。**

有的人會覺得自己的能力比老闆要高很多，很多事情都是他幫老闆解決的，這樣的想法容易讓人產生傲慢的心理。每一個人都有自己的不足和缺點，作為一個下屬，就不要總把眼睛盯在老闆的不足與缺點上。在自己還不真正了解老闆的前提上，口無遮攔，喜歡站在老闆的對立面，這會讓老闆威信掃地。身為一個下屬，不重視老闆，自然得不到老闆的重視。我們要善於發現和發掘老闆的長處，他們能做老闆必然有他們的能耐。

**2.不要太「招搖」，要學會示弱。**

在老闆的眼中，下屬永遠都比自己差那麼一點，如果有哪個下屬挑明跟他對著幹，他就會對這樣的下屬施加壓力。在老闆面前，我們要學會隱藏一部分真實想法和實力。平時做事時不能擅自作主，尤其是那些重要的決定，一定要向老闆請示。

### 3.要學會將功勞往老闆身上推，把苦勞往自己身上堆。

每個人都想當功臣，然而居功自傲卻是一件極為危險的事情。如果有某項工作順利完成了，就應該主動將功勞聰明地「讓」給老闆，這樣是給老闆留面子，也是給自己留退路。

有個銷售人員在一個月內開拓了五個銷售管道商，這在業界是一個罕見的成績，但是在季度報捷大會上，百分之八十的功勞都算在了區經理的頭上。該銷售人員十分不滿，最後鬧得公司沸沸揚揚，結果他被開除了，而且是老闆下的決定。很多人都表示不理解，能力這麼強的員工可不是好找的。面對大家的議論紛紛，老闆說：「沒有區經理，他能夠創造這麼好的業績嗎？沒有公司提供這麼好的平臺，他能有這麼好的業績嗎？」

老闆最忌諱下屬自表其功、自以為是，這樣的人，十有九個都會遭到猜忌而得不到重用。例如你替老闆寫了一份重要資料，你就得明白，這是在老闆的指導下完成的，雖然他只是修改了那麼幾句無關痛癢的幾個字、幾句話，但那些才是真正的點睛之處張輝剛剛加入一家大公司時，為了說明自己的能力能夠勝任財務工作，他隨時隨地爭取機會表現自己。他的老闆在某些方面的確不如他，例如財務這一塊就很弱。只是老闆是老闆，不是財務，不然他還找財務幹什麼。就這樣，那些同事對老闆有了一些不好的看法，有時還會拿老闆尋開心。老闆知道後當然也不示弱，在一次例會上，老闆直截了當地說：「搞財務工作的人要求冷靜、細緻，但有的同仁在工作上卻很浮躁，這樣對我們的工作極為不利，小心摔跟頭。」

或許老闆在某些方面的確不如下屬，不過他的綜合能力不會比下屬差。身為下屬，我們要擦亮自己的眼睛，找到自己與老闆的距離所在。一個聰明的下屬，要學會透過自己去襯托出老闆的高明，並以此得到老闆的信賴和支持。

老闆需要的是能幫他解決問題的下屬，而不是那些只會製造問題的下屬。鏡頭是老闆的，不要動不動就把臉貼上去，突顯自己，不要總處在「越位」的狀態。當我們取得一個漂亮的進球、獲得關鍵性的勝利時，要記得助攻給你的人是老闆。

# CHAPTER 10

# 在被利用的
# 過程中，堅守自我

# 堅持原則是上策

相信大家都有一套個人的行事準則，每個人都不希望被人控制，但是人的價值又只能在被人利用的時候才能得到體現。為此，在被人利用的過程中，為了防止這種事情的發生，最有效的法則就是不為所動，堅持自己的原則，對任何事情都仍保有自己的看法和理解，不盲目地過度依賴他人。否則，就會輕易地被人控制，猶如中了武俠片中常見的「迷魂大法」，讓自己成為行屍走肉。

有的人將盲目和低調混為一談，這是一大謬誤。其實，低調是我們在做事的時候會聽取和參考別人的意見，但不一定代表認同他人的看法；而盲從則是毫無保留地順從他人，配合他人的看法，完全不考量是正確還是錯誤。這種情況下，很容易被人徹底利用。

身為全球最大的咖啡零售商、加工廠和著名品牌，星巴克並不是什麼高科技企業，與那些高科技企業相比，咖啡店生意就像一個傳統的手工作坊。

一九八二年，霍華德．舒爾茨在銷售產品時，發現位於西雅圖的一家叫「星巴克」的小公司向他購買了很多臺煮咖啡器。他感到很好奇，便親自到西雅圖看個究竟。在那裡他看到了專門銷售現煮咖啡、香料及其他咖啡製成的調味品的星巴克咖啡。他當場下定決心，決定自己今後的一生都要和咖啡打交道。為此，他辭去了年薪七．五萬美元的職位，加入了星巴克，負責市場行銷和開拓。而在當時，星巴克還專注於出售高品質的咖啡豆，沒有提供飲料服務。

一九八三年，霍華德．舒爾茨在義大利出差，在那裡，他感受到了濃縮咖啡吧的魅力，「原來放鬆的氣氛、交誼的空間、心情的轉換，才是咖啡館真正吸引顧客一來再來的精髓。大家要的不是喝一杯咖啡，而是享受咖啡的時光。」今日我們所知道的星巴克形象靈感油然而生。

但是，當他信心滿滿地提出轉型、擴張的時候，星巴克的創始人卻不贊同他的想法。霍華德．舒爾茨便無奈地離開星巴克，自立門戶，取得了經營咖啡店的經驗。

一九八七年，霍華德．舒爾茨募集到足夠的風險資金，買下了星巴克的全部股份，自己出任首席執行總裁，從此，他把星巴克推向全球。

在執掌星巴克的二十年裡，門檻不高的星巴克咖啡店保持了工業化標準和品牌形象，霍華德．舒爾茨多次拒絕了許多難以抵抗的誘惑。對於這些所謂的「常識」，他的答案只有一個字——「不」。他寧可讓自己多走一點彎路，也不盲目跟隨當時的主流。

在別人都對霍華德·舒爾茨的想法嗤之以鼻的時候，他沒有改變決定，而選擇了離開，開創了自己的事業，也讓他從一個被利用的人轉而變成可以利用別人的人。如果他只是選擇沉默，對他們的看法表示接受，也許，我們就看不到今天的星巴克了。

現實生活中，盲目跟風、無法堅持己見的人大有人在，這也讓他們蒙受了不小的損失。他們自以為精明，自認為有商業頭腦，其實是自己給自己挖了一個大坑，還不顧一切地往下跳。例如在一個貧困的小村落，一家農戶因為養殖麝鼠走上了致富路，成為人們眼中的紅人。周圍的人看到這種情況，紛紛拔掉種得好好的果苗，也養殖起了麝鼠。結果，因為不熟悉麝鼠的習性，發生了層出不窮的問題，在養殖的初始階段就受到不少損失。等到他們的麝鼠也能夠走上市場的時候，卻因為找不到通路而無法營利，或因為競爭過大而導致使得價格降低。此時，水果的行情卻異常地好，而他們原本可以收成的果苗卻早已成了塵土。

堅持自己的底線和原則，學習別人的成功之處，不一定要照單全收，但要把發揮作用的核心吸收過來，再以自己的方式展現。認真、執著，也是一種優點，更是一個人的特點，一時的輸贏不代表未來，把眼光放遠來看，才會知道什麼是真正的成功，什麼是真正的好。

做人千萬不能盲從跟風，要能堅持自己的原則，有自己獨立思考問題的能力。無論是在生活中，還是在我們被人利用的時候，都要秉持自己的原則，不能隨隨便便就改變自己內心的主見。如果失去了自己，你就等於失去了那塊屬於自己的空間，只能生活在別人的世界裡。

走在滿是積雪的道路上，如果你只是踩著別人的腳印前行，你將永遠也體會不到雙腳踩在厚厚的雪上，發出的「咯咯……」聲所帶來的快樂。而且被踩過的地方更難前行，反而更容易跌個四腳朝天。

# 在被利用的過程中保有自己

做人難，做事也不簡單。為了生存和發展的需要，每個人都面臨著很大的壓力。在被人利用的時候，如果被指派的事情是對的，我們大可放手去做。但如果我們對所做的事情存有疑慮，就一定要想清楚是否該做。我們可以被利用，但不能被迷惑，該做抉擇的時候切勿迷失自己。

每個被利用的人心中都應保有自己的方向。就像在放風箏時，要把那根線緊緊握在自己手中一樣，才能掌握風箏的走向；當風箏線斷了，風箏就會隨風飄蕩，最終只能掉落在地上。

想像我們在草原上縱馬高歌時，當馬兒不聽指揮或因受到突然的驚嚇而癲狂時，這時只要手握韁繩，朝著馬兒所跑的方向拉緊，牠就會不知不覺地轉一個圈子，回到原處。馬兒就是像這樣，一旦失去了自己的方向，便會按照你的指示或停或進。

我們要做一個能夠駕馭馬兒的人，可不能做那可憐的馬兒。如果有人想徹底地控制你，要求你唯命是從時，你一定要當心，千萬不要被他的韁繩套上。只有那些學識豐富、英明幹練的領袖，才是值得我們服從的。也只有那些真正有見識的領袖，才不會那樣盲目地將自己的想法強加於別人的身上。因為這樣的人，會希望他的下屬能具備獨當一面的能力。

本田汽車創始人本田宗一郎被譽為二十世紀最傑出的管理者。都說老虎也有打盹的時候，他也不例外，也有鬆懈的時候。

有一天，本田宗一郎正在辦公室裡休息，一個來自美國的叫羅伯特的技術部門幹部來找他。羅伯特興奮地把自己的最新車型設計圖拿來給本田看，這可是他花費了一年的時間設計出來的，羅伯特說道：「總經理您看，這個車型太棒了，上市後肯定會受到消費者的青睞！」

羅伯特本來還想繼續說下去，但當他看到本田依舊閉目養神，沒有抬起眼皮時，他停了下來，收起了圖紙，朝門外走去。此時的本田也覺察這微妙的氣氛，他立刻抬頭，只見羅伯特頭也不回地走出了總經理辦公室。

第二天，本田為了弄清楚事情的原委，特地邀請羅伯特喝茶。羅伯特見到本田後，說的第一句話是：「尊敬的總經理閣下，謝謝您這兩年來對我的照顧，我已經準備回美國了。」

「啊？這是為什麼，你不是做得好好的麼？」看得出來，本田還是很有誠意地想挽留羅伯特。

羅伯特很坦白，說：「我離開您的原因是因為在我向您介紹新車型的時候，您從頭至尾都沒有仔細聽我的講解。其實，我為我的這個設計感到驕傲和自豪。當我拿出我的設計圖時，我提到這個車型的設計很棒，而且還對新車上市後的前景有一個展望。但您卻依舊低著頭、閉著眼睛休息，沒有任何的反應。所以我改變主意了！」

離開本田公司後，羅伯特拿著自己的設計找到了福特汽車公司。福特公司決定對這個車型進行投產。後來這款新車上市後，給本田公司帶來了不小的衝擊。

羅伯特是一個準確掌握自己方向的人，他沒有因為本田的一絲懈怠而放棄自己追求新車型設計的熱情。到了福特公司，他終究取得了成功。如果他認為本田的冷漠態度是正確的，自己便將會跟著否定自己花費一年時間所做出的設計，他將會喪失一個大好機會。

方向是一個人賴以生存的目標，是一種期盼的心情，也是一種生存的動力。人若是失去了方向，那麼光是何去何從就會把他弄得糊裡糊塗；也將無法了解自己活著有什麼意義。

人生就像是在大海裡航行一，方向至關重要，如果方向錯了，便將永遠無法達到目的地，而那些大海中的暗礁和風浪就是人生中遇到的挫折和磨難，是讓人失去方向感的罪魁禍首。我們有時難免遇上暗礁和風浪，但我們可以在碰上後及時修補好船隻，調整好接下來的方向。如果只是一味自怨自歎，不去好好記取教訓，則不僅會耽誤未來的路，還會讓錯誤再度發生，甚至淹沒於汪洋大海之中。

# 維持心中的那盞明燈

一個人，如果沒有了原則，做起事來就會恣意妄為，無所顧忌。這樣一意孤行的後果是既讓自己沒有退路可走，也沒給別人留下絲毫餘地。這樣的人，終歸會在無知中自我毀滅。只有自持和自制，按一定規則辦事的人，才會在被人利用的過程中成就自己，成為一棵人際交往中的長青樹、不倒松。

也許你會認為被規則限制住會綁手綁腳，是給自己的雙手強加一副枷鎖。在今天這個社會，善於利用你的人會給你越來越多表現自我的機會，在這樣的前提下，如果自己成了一個行事貿然的楞頭青，會給自己的前途蒙上一層陰影。

我們需要自持和自制，在適當的時候，還要懷有一定的心機和城府，行事做到「圓滑世故」，讓自己能夠左右逢，無往不利。

什麼是自持和自製？簡單地說，就是有自覺地約束自己，不斷提示自己該做什麼，不該做什麼，不要興頭上來，就忘了自己的身分。

在人們的眼中，胡雪巖最大的特點就是「官商」，也就是人們常說的「紅頂商人」。在晚清混亂的局勢中，他能紅極一時，自然有他的獨到之處。

在創辦慶餘堂之初，胡雪巖並沒有打算賺錢，後來因為藥材地道，藥效非凡，營業額十分可觀。有了一定的資本後，他除了擴大規模外，還對平民施藥施衣，遇到災荒之年還捐出大批成藥。他有著利人濟世的天性，加上他超凡的悟性，從而在官商兩道有他的立足之地。

「圓」和「變」兩字是對胡雪巖處世方式的最佳描述。和當時的每個人一樣，他也是一步步走過眼前混亂局勢的。當他剛接觸洋人時，心中也充滿好奇，但接觸一多，他發現，洋人也是為了一個「利」字，所以只可使由之，不可放縱之。到後來發展到互惠互利，其間的過程是一步步變化的。

但胡雪巖有一天然優勢，就是對整個時事有先人一步的了解和把握，所以凡事總能先人一步。通過對形勢的獨到分析和判斷，胡雪巖決定依靠官府。從王有齡始，運漕糧、辦團練、收釐金、購軍火，到薛煥、何桂清籌畫中外聯合剿殺太平軍，最後，還說動左宗棠，設置上海轉運局，幫助他西北平叛成功。由於幫助官府有功，胡雪巖的生意才能從南方做到北方，從錢莊做到藥品，從杭州做到外國。官府承認了胡雪巖的選擇和功績，也為胡雪巖提供了他從事商業所需要的自由選擇權。假如沒有官府的層層放任和保護，胡雪巖必然會處處受滯阻，他的商業投入也必然過大。而且由於投入過大和損耗太大，他的商業也不可能形成這麼大的一個規模。

胡雪巖在幫助王有齡升官之後，發現自己可以從他那裡獲得更多的便利。有了官府的流轉金做依託，資金流通變得更為便利；同時，他也可以通過商業活動完成官府的諸多事務；還有一個重要的關鍵——他可以借官府之名，涉足許多商人身分很難涉足的事。通過不斷取得新的成就，他成為了一名富可敵國的企業家。

胡雪巖擁用自己的過人之處，當他被人利用的時候，並未急躁地表示反對，而是遵守著遊戲的規則，達到利人更利已的境界。

正是受到這種規則或限制的影響，我們才能決定停止某些行為，或接受某些自己並不願接受的事實。有的規則和限制是別人為自己訂立的，而有的是自己為自己訂立的。在現代社會中，我們需要學會克制自己，這也是基於保護自己的立場。它是一種自我實現的方式，對自己是有利的。例如，美國著名的科學家、政治家和作家佛蘭克林在青年時代就為自己訂立了十幾條規則。

當我們有了自持力和自制力的時候，高尚的品格最終會閃耀於我們的性格之中。被人利用的時候，這些品格尤為重要，這些內心的規則就像明燈，能夠讓自己時刻保持清醒，讓自己堅守方向，始終走在正道上。

# 要想人前顯貴，學會背後受罪

在這個躁進的社會中，讓人很容易浮現急功近利的心態。多少人渴望一朝成名，一夜暴富。在我們被人利用的時候，在我們需要做出抉擇的時候，許多人因為急於展現自己的能力，總是在時機還不夠成熟的時候做出不恰當的事情，導致事情的走向與自己的預想背道而馳。

要想人前顯貴，學會背後受罪。這句話不是沒有道理。有的人本性溫和、善良、柔弱，但是，自身的利益絕不應輕易地被別人侵犯，人人的心裡要有一把尺，為自己衡量出什麼時候該忍，什麼時候需要反駁和抵制。

一個初入社會的年輕人找到一份在海上油田鑽井隊的工作。就在他上班的第一天，領班要求他在規定的時間內登上幾十公尺高的鑽井架，把一個包裝精美的盒子送給在井架頂層的主管。

年輕人拿著盒子，心想這裡面的東西肯定很重要，於是他快步登上狹窄的舷梯，當他滿頭大汗地到達頂層，成功把盒子交給主管時，主管只在盒子上面快速地簽下自己的名字，看都沒看他一眼，又讓他送下去。於是，他又快步走下舷梯，把盒子交給地上的領班，這樣一個來回，年輕人的腳都有點不聽使喚了。

但是，當領班也只是在盒子上面簽下自己的名字，要求他再次送給主管時。他心裡那團憤怒的小火苗慢慢升起。但他還是選擇轉身登上了舷梯。當他再次到達頂層時，已經渾身是汗，兩條腿抖得厲害。那個主管依舊只是在盒子上簽下名字，又要求他把盒子送下去。

年輕人擦了擦臉上的汗水，轉身走下舷梯，把盒子送下來。本以為可以結束，可是，領班還是在簽完字以後要求他再送上去。

年輕人開始憤怒了，心中的小火苗不斷燃燒，但他還是盡力忍著不發作，擦了擦滿臉的汗水，看看舷梯，抱起盒子，步履艱難地往上爬。當他爬上頂層時，已經精疲力竭，汗水順著臉頰往下淌。這是他第三次把盒子遞給主管。主管看著他，說：「你把盒子打開吧。」

年輕人撕開那層漂亮的包裝紙，小心地打開盒子，裡面居然是一罐咖啡和一罐奶精。他的怒火終於像火山一樣爆發了。他的眼中充滿憤怒，甚至是仇恨。

主管又對他說：「去沖杯咖啡。」

此時，年輕人已經忍無可忍，他用力把盒子扔在地上，說：「這活我不做了，沒這樣欺負人的。」看了看扔在地上的盒子，他的心裡舒服多了。

這時，主管緩緩地站起身來，直視著他說：「我想，這裡的工作不適合你。看在你還有一定的耐性的份上，我可以跟你解釋一下這個情況。剛才我們要求你做的這些，叫作『承受極限訓練』。我們在海上作業的時候，危險隨時都有可能逼近，所以會要求隊員們擁有極強的抗壓力，能夠承擔各種危險的考驗，只有這樣，才能成功地完成海上作業任務。可惜的是，前面三次你都通過了，只差這最後的一點點。你沒有喝到你沖的咖啡，現在，你可以走了。」

忍耐在大多數時候是痛苦的，它讓人無法按照自己的意願行事，不能毫不保留地釋放自己的情緒。但是，成功往往就是在忍耐了常人所無法承受的痛苦之後，才出現在面前的。千萬不要總是在只差那麼一點點的時候選擇放棄，那樣是多麼的可惜。

當然，忍字頭上一把刀，如果別人總是任意擺布你，把你當作沒有靈魂的機器，讓你違背原則做事，是絕對不可以的。面對情、理、法，我們要有自己的判斷，可以做的自然要做，還要盡力去做好，不該做的，我們也決不苟同。如果一味地放棄原則，委曲求全，最終會讓自己喪失了基本判斷是非的能力。在適當的時候，我們也要表達自己的立場，不要讓自己的原則受到侵犯。

忍耐是一種可貴的精神。在生活和工作中，到處都有山，到處都有障礙，沒人能夠總是一帆風順。我們在選擇忍耐的時候，要時常提醒自己：務必為自己設下停損點，或在關鍵時刻表達立場。因為，我們仍應保有自己的底線和骨氣。

# 絕對不當應聲蟲

每一天，我們都生活在各種各樣的選擇當中，好不好、行不行、能不能……這些看似簡單的選擇，在需要表態的時候卻並不似想像中那麼容易。

每個人看問題的出發點不同，所以，對同一問題的見解也不會全部一致。當你堅信自己是對的時候，就不要受別人的影響，勇敢地走自己的路吧！取得成功是證明你的選擇正確的最有力證明。如果你只會聽從別人的意見，生活在別人眼光下，你將一事無成，只是一隻沒用的應聲蟲。

生物學家做過一個實驗，他拿了一個大花盆，在盆底放著食物，然後把許多隻毛毛蟲放在花盆的邊緣。可憐的毛毛蟲沒有直接爬到盆底享受食物，而是在第一隻的帶領下，圍著花盆不停地繞圈。就這樣，一圈又一圈，終點變起點，幾天幾夜沒有停歇，最後全部虛脫死去。

也許有人會說，它們只是低等生物，不具備像人類一樣高度的智慧和思維，才會這樣愚蠢。其實，盲目、隨波逐流也正是人性的致命弱點，如果你也缺乏對事情的判斷力，老是跟著別人團團轉的話，不就是一隻應聲蟲嗎？

我們不應被別人的言論影響到自己的判斷能力，別人認可的，不一定就是對的，有句話說：「真理往往掌握在少數人的手裡」，做自己該做的事，無論自己是多麼普通，也該有自己的想法，別總覺得只要跟大家表現得一樣比較安全，有必要時，我們必須果敢地表達自己的想法。

曉非找到一份廣告文案的工作，可是當實用期滿後，公司並沒有繼續雇用她。若論能力，她屬於中等，而且她認真謹慎，沒出過大錯；如果論她與同事的關係，她為人厚道、好說話，很快就與同事們打成一片。就是這樣一位他人眼中的「好人」，卻無法得到主管的認可。曉非自己也很不理解。

原來，公司的文案部門也分成了若干小組，各自負責維護及開發不同類型的客戶。曉非剛進公司的時候，被分到生活清潔用品小組，負責相關產品資料的蒐集和整理。對每一個新人來說，所有的同事都算得上是她的前輩。所以曉非對這些前輩的要求是有求必應，當他們提出各自觀點的時候，她通通都表示同意。

負責考核她的是小組組長，他沒能滿足曉非想留下來的希望。他認為曉非在實習期間的表現並不讓人滿意，因為曉非總是用自己的工作時間幫別人做事。而且她的行為還給不同的小組帶來話題，大家認為，她游走於各個小組之間，不像是生活清潔用品組的，言詞閃爍、總是避談自己的想法，這一點也讓組長十分難堪，只好讓曉非離開了。

很多時候，我們會遇到心裡想否定，卻又不好意思開口拒絕的情況，於是「好，沒問題」就成了標準回答方式，也選擇了以妥協的態度來應對他人的要求。這樣雖然避免了可能出現的紛爭，卻喪失了自己的主見，從此讓自己被別人牽著鼻子走。

每個人都是批評家，當你向別人說出你的希望和夢想後，人們總會對你提出各式各樣的觀點或意見。也許，他們無意傷害你或是阻礙你，只是把每一種可能出現的情況都分析了出來，結果卻使你的自信一點一點地減少。正如下棋的時候，在旁邊觀看的人總覺得他們看得更清楚，想得更遠，如果這些圍觀者老在一旁指指點點，就會讓下棋的人無法集中精神，變得猶豫不決。

有時，經驗也會讓我們成為應聲蟲，使得一件原本簡單的事情，卻因為老是想著別人是怎麼解決的，結果忽略了自己的真實想法。

有一個小女孩看著媽媽在做飯，好奇地問媽媽：「為什麼妳每次煎魚都要把魚頭和魚尾切下來，另外再煎呢？」

媽媽被問得傻眼了。回答說：「因為從小看見妳的外婆都是這麼做的。」

於是，她就打電話問外婆。一問之下才知道，原來過去是家裡的鍋太小，無法容下一整條魚，所以她的母親才把魚的頭、尾切下來，再另外煎。

盲目地模仿別人只會讓自己迷失，我們沒有必要為了滿足別人的觀點而改變自己的立場。需要堅持自己立場的時候，就應果斷地拒絕當別人的應聲蟲。

在生活當中，我們必然會遭逢大量的反對意見，這是現實，是我們在為目標奮鬥的時候必須付出的代價，是一種無法避免的現象。但是，真正影響到自己夢想的觀點仍然是自己的觀點。只有堅持自己的想法，不被別人的言論所左右，才能保持自己個性，端正自己的航向，在被利用的過程中成就一番自己的事業。

# 絕不拋棄的做人原則

如果想在被人利用的過程中做到明哲保身，就必須深刻了解到，如果對別人的看法總是唯唯諾諾，絕不是一個保護自己的高招，因為那樣只會壓抑自己的夢想和激情，甚至導致消失。只有堅持一定的原則，才會讓我們有自己的主見和明確的立場，才不會在被人利用的時候迷失方向，變成一個沒有自我的人。

在被人利用的時候，有些原則是不可以忽視，更不能被丟棄的。即使未來並不明朗，但命運必須掌握在我們自己的手中。只要你堅持一定的原則，就不會淪落到被人擺佈的處境。

1. 記住別人的名字。名字雖然就那麼兩三個字，卻是一個人的印象，記住對方的名字，會使人對你留下深刻的印象。

2. 盡最大的努力讓自己成為一個隨和的人。任何時候態度都輕鬆自然、不做作，讓利用你的人感覺：你並不知道自己已經被利用了。

3. 妥善隱藏自己的情緒。生氣、抱怨是不滿情緒的展現。所以，我們要能夠適當地隱藏自己的情緒，面對任何事情都要從容不迫，處之泰然，讓別人覺得你是一個心胸開闊、有修養的人。

4.不逞強。無論遇到任何事情，都不要逞強，必須了解自己的能耐，清楚理解任務的內容，需要的結果為何，再考慮是否接下任務。有些事情，答應的時候感覺很簡單，等真正做起來的時候，會發現其中的不容易。

5.保持平常心。當別人取得突破或成功的時候，記得向對方表達祝賀之意；同樣的，當別人受到打擊、處於低潮的時候，也要對他們表示誠懇的祝福。

6.了解你的利用者。對利用你的人要有一個清楚的認識，或至少要有一個大致的了解，這樣才能更完美地協助他們，為他們排憂解難，他們也會在利用你的時候更加關注你，一旦得到他們的信任，我們就會得到更好的發展機會和空間。

小馬是一家醫藥公司銷售部門的銷售代表，他十分熱愛自己的工作，每一天，他都全力以赴。小馬與公司裡的每一個員工相處得都不錯，可就是與同部門的劉經理相處得不太融洽，這讓小馬感到很苦惱。

小馬剛進銷售部門的時候，原以為劉經理會對新員工進行有關市場行銷和管理方面的培訓，可劉經理卻讓他們在「做中學」，自己在實戰中去摸索經驗，這讓小馬很失望。當小馬提出要與劉經理私下探討行銷技巧時，劉經理只是說「考慮考慮」，便沒了回音。

工作幾個月後，小馬對自己的前途感到很迷茫，因為劉經理除了要求銷售部人員完成每個月的銷售計畫外，沒有任何指導和激勵。小馬覺得這份工作太沒吸引力和挑戰性，他需要有一個長期的、更大的目標指引他。更讓小馬不能忍受的是，劉經理在銷售部的日常管理方面什麼事都要插手，讓每個銷售人員失去了自由發展的空間。小馬覺得，劉經理之所以不給他們培訓，傳授經驗與技巧，是因為劉經理沒有這方面的能力。在上個月銷售部門的內部會議上，小馬就對劉經理的一些工作方法提出了異議，引起劉經理極大不滿。

結果，本應屬於小馬的優秀員工獎也被取消了。面對劉經理這樣的主管，小馬感到忍無可忍。經過反覆痛苦的思考後，小馬向人力資源部遞交了辭職信。

如果你怒氣衝衝地找主管或什麼人表示你對他的安排或做法不滿，很可能會把他給惹火了。所以即使感到不公平、不滿、委屈，也應當盡量先讓自己心平氣和下來再說。也許你已積聚了許多不滿的情緒，但不能在此時一股腦兒地發洩出來，應該就事論事地進行討論。過於情緒化將無法清晰地說明理由，而且還會讓對方誤以為你是對他本人而不是對他的安排不滿，經過幾番誤會，恐怕你就得自行另尋出路了。

與人方便，自己方便。當然原則方面一步也不能退讓，因為這是讓我們脫穎而出的關鍵。若能堅持這些原則，哪怕是被人利用，也能安安穩穩地度過，而不受人擺佈，而且也會為日後自己的成功增添足夠的分量。

# 聰明地吸收他人意見

我們強調要有自己的主見，但並不意味著要一意孤行。當我們有了主見時，也要多聽取別人的意見，因為他們講到的，可能正是你沒有想到的，或是被你忽視的。他人的意見可以用來參考，可以幫助你，讓你看問題時能夠更全面，視野更開闊，也能讓你少走一些冤枉路。

馬克・吐溫是美國著名的作家，他走上寫作這條道路，有一部分歸功於一個朋友的意見。他曾當過商人，結果本錢都讓他賠光了。後來他又去做書商，結果還是一無所獲。後來，他聽取了一個朋友的意見，開始走寫作這條道路，結果憑藉《湯姆歷險記》和《哈克歷險記》而名聲大噪，成了世界聞名的大作家。

如果當時馬克・吐溫一意孤行，一頭栽在自己不擅長的領域，沒有聽取朋友的意見，那麼，世界只會多了一個落魄的商人，而少了一個著名的作家。

多多聽取他人的意見是對的，我們可以參酌之後，考量哪些做法對自己有益。當然，最後能夠駕馭和支配自己的，仍然是你自己。如果你過於聽信他人，把別人的話當成金科玉律，肯定是要吃虧的，那只會讓你覺得不管做什麼事情，阻礙都很多，進而打消自己的積極與熱情。

三十歲以前，張虎一直是按照別人安排的方式生活，結果過得一塌糊塗。

張虎的父母都是書畫界頗有實力的畫家，從他懂事開始，父母和那些與他們家有來往的人都覺得他應該成為一名畫家，常常叫他「未來的畫家」。

一次，張虎畫完一張畫，媽媽看看，眉頭一皺，說：「哎呀，你畫得太僵硬了。」

他馬上拿起筆，按照媽媽的意見修改。

這時，爸爸又看了看，說：「孩子，你畫成這樣沒人願意看。」

他又開始動手修改，沒想到姐姐看了說：「一張好好的紙讓你給糟蹋了。」

後來，張虎還是考上了一所美術學院，但他並不開心。他發現，別人都是因為興趣而來的，他卻覺得枯燥且困難。就這樣渾渾噩噩地過了幾年，他並沒有什麼作為，自己都快瘋了。由於怕別人失望，他被迫進入一個無法給他任何成就感的行業。

張虎想滿足周遭人們的想法，把時間都耗費在配合大家的意見上，唯獨沒有顧及自己的看法，長期伴隨他的恐懼感，讓他快要崩潰了。

後來，他主動找到一個心理專家，經過一系列的評估後，專家給他的意見是：「目前所在的行業根本就不適合他，但能在市場行銷的領域有所斬獲。」

回去後，張虎仔細地思索著自己的能力和未來，這是他第一次這樣認真、清晰地認識自己，他馬上改變方向。如今，他不但喜歡他的新職業，而且還成了業內的當紅炸子雞，最重要的，他變得越來越有自信了。

張虎的蛻變告訴我們：沒主見的人會極度在意別人的看法，總是根據別人的意見做選擇，附和他人，以取悅別人。要想取得成功，我們就得按照自己內心的真正想法生活，勇敢地做自己，而不只是配合別人。

在面對重大抉擇、拿不定主意的時候，我們會去請教別人，這是慎重的表現。但如果什麼事都拿不定主意，什麼事情都擔心做不好，就會失去許多機會。特別是這種心理缺陷會演變成人格缺陷，會讓一個人總是缺乏安全感。這種人為了保護自己，總把別人的經驗當自己的戒律，大大地阻礙了自己獨立人格的形成和發展。

也許有人會認為，既相信自己又聽取別人的意見，那不是自相矛盾嗎？其實不然，相信自己與聽取別人的意見是辯證統一的關係。我們這裡說的「相信自己」並不是指不切實際地誇大自己的力量，而是站在事實的基礎上相信自己，那才是正確的相信自己。同樣，「聽取別人的意見」不是指一味地盲從，也不是指照單全收別人的意見，而是擇其善者而從之。

你認識的人之中，有多少人只是在等待？其中很多人其實並不知道自己等的是什麼東西。他們只是隱約感覺，總會有什麼東西降臨，那可能會是好運氣，或是好的機會，或是某個貴人出現。如果遇到這些，他們就可以在沒有經過努力、沒有充分的準備和資金的情況下為自己獲得一個開端，或是繼續前進的動力。但是可以確定的是，我們從沒聽說哪個等待幫助、等著別人拉自己一把、等著別人的錢財，或是等著運氣降臨的人能夠真正成就大事。只有放棄依靠別人的想法，依靠自己，才能贏得最後的勝利。

我們不能總是以自我中心，更不能過分依賴他人，成為受人擺布的木偶。我們應該在設定目標後，參考別人提供的意見，才能在前進的路上更順暢。想像我們駕著木筏，漂流在無邊無垠的大海上，四周全是水，看不到陸地。這時候，我們必須懷有堅韌的求生意志，然後借助太陽的方向、風向等一切可以利用的條件來判別東南西北。掌握著這樣的心態，加上謹慎選對方向，我們就一定能走出困境。

# 堅持自我，敲開成功的大門

現實中，總會有人會議論你的所作所為，同意或反對？讚揚或暗笑？如果這個時候你太在乎這些議論的話，就會讓原來清楚的目標變得越來越模糊，最後為了滿足他人的想法，而迷失了自己。

迷失了自己的人，容易陷入被人利用的圈套，更容易成為長久被人利用和擺步的工具。只有堅持自己，才能最終走出困境，邁向成功。

在通往成功的道路上，沒有一條路上會貼上直通的標籤，也不會有哪一條路是絕對平坦的。我們需要選擇，這種選擇時刻提醒我們，在任何一個交叉路口都要堅持自己，別人的議論就像他們在路口擺上叫你轉彎的指示牌，但前面的路是什麼樣，他們不一定真的清楚，也許沒有任何異樣，也許有工人在修理，或是發生了其他重要情況。只有你堅持做你自己的時候，才能減少走上歧路的可能。

楊長林是重慶金谷集團的董事長。

一九九九年初的一天，他在日本北海道的一處溫泉景區內，突發感歎：「如果能把這個溫泉搬到重慶去，該有多好！」

當時的他在房產和酒店業都有所建樹，卻突然迷上了溫泉。半年後，他收購了位於銅梁的古西溫泉。讓他始料不及的是，花了上千萬投資後，才發現附近有一家污染嚴重的造紙廠。

但是楊長林對溫泉事業的信心沒有動搖，他雇了一家地質勘探公司，挖起了溫泉井。但打了幾千米，井都沒有出水。這一次，他花了四百多萬元。

他還沒有放棄，繼續換另一個地方，又投入四百萬元，哪知道還是沒能挖出溫泉。

由於幾次工程都沒能成功，一些員工和朋友開始對他的舉動有了「看法」，「老闆不是瘋了吧！公司的生意做得那麼好，卻把這麼多錢拿出挖洞耍！」王長林也有些動搖了。

二〇〇一年初，楊長林召集公司員工和有關專家，召開了一個會議，準備對自己的失誤進行檢討，結果一張地圖的出現，讓一切都改觀了。

情況是這樣的，就在大會開始的前一個小時，一位著名的地質專家突然不請自來。他拿著一份地質結構圖，找到了楊長林。

「聽說您到處開鑿溫泉井，您知道嗎？最好的地方其實就在您的腳下，我有九成的把握挖出溫泉。」專家興奮地說。

一個月後，楊長林再次開鑿溫泉井。但是三個多月過去了，水溫依然沒有多大的變化。「難道我錯了。」每天七、八萬元的投入，讓他的心情十分沉重。

一位員工勸他說：「還是放棄吧，董事長。」

「再挖五天！」楊長林的氣勢也弱了一點。

事情的發展就是這麼戲劇化，就在兩天後，當鑽機設備挖到三〇六〇米的時候，一股濃烈的硫磺氣味瀰漫而出。

溫泉工程終於成功了！楊長林回想做起溫泉生意以來的種種不順，楊長林給這座溫泉起了一個名字：天賜溫泉。

楊長林的成功，貴在堅持。如果他在前三次失敗後決定不搞溫泉了，如果他在第四次最後關頭突然絕望地不再挖了，那「天賜溫泉」不知道什麼時候才能噴發而出，他在溫泉這個領域便不僅交出鉅額學費，還會給別人留下一個反面教材。

大部分的人們，都是在經過被人利用的階段，透過艱苦奮鬥，最後終於獲得成功的。讓人欣慰的是，他們在被人利用的過程中，還能堅持自我。

一八九四年，松下幸之助出生在日本一個貧窮的家庭裡，小學四年級的時候，他到大阪開始了獨立的生活。

剛開始，他在一家火盆店裡當學徒，同時還要幫忙店家照顧小孩子。過慣了苦日子的他雖然不覺得辛苦，但是心裡常常感到孤單，經常一個人偷偷哭泣。

一年後，火盆店關門了，老闆介紹他到一家自行車店工作。新老闆對他很好，還教會了他許多作為商人應該具備的知識和素養。

隨著年齡的增長，松下也在考慮是否要換其他的工作。在當時，電氣行業還是新興的，但他敏銳地意識到這個行業在將來一定大有發展。

一九一〇年，松下辭去了自行車店的工作，到大阪電燈公司做練習工，雖然很辛苦，但他興趣很高，每天給別人裝配電線和安置電燈，不斷地提高了自己的技術。同時，他開始去大學夜間部上課，努力學習。

由於工作表現出色，松下被提拔為檢驗員。雖然也算是小有成就，但他並不以此為滿足，他想改變自己，過更有意義的生活。

此時的他已經設計出一種改良燈插座，他想靠自己的技術，靠自己的企業生活，而不是永遠給別人打工。

一九一七年，他辭去了工作。他克服眾多難關，終於有了廠房，有了員工，但新插座所需的外殼材料問題卻一直得不到解決。

此時的松下沒有退卻，他和幾個合作者反覆實驗，但依舊沒能成功。幸運的是，一個舊同事出現了，幫他解決了這個技術難題。

有了產品，該如何將它推向市場呢？他遇到一連串的困難，最後，合作的人一一離去，只剩下他的妻子、內弟和他自己三個人。

松下也有了另謀出路的想法，但很快地，他又堅定了信念，他相信自己的事業計畫。後來，他們的堅持終於有了收穫，有個電器廠與松下簽訂了第一筆訂單，松下賺了創業以來的第一個八十日圓。

一九一八年，改良後的新插座得到了市場的認可，由於物美價廉，松下取得了很大的利潤。在產品熱賣的同時，他又開始開發新產品，佔領各種領域，取得新的成功，不斷邁向事業的新高點。

追隨別人是一種選擇，是一種人生；堅持自己也是一種選擇，是另一種人生。面對各種困難，我們都不應放棄心中的信念，堅持自己的特點和選擇，才是成功的開端。當你感覺最無奈、最困苦的時候，也許就是成功離你最近的時候。

我們不但要敢於堅持自己，更要善於堅持自己。堅持自己，絕不是盲目的自高自大、自以為是。我們在面對支持的意見時，我們會被鼓舞，會增加前進的動力；我們在面對反對意見時，可能會消沉，可能會無法接受，甚至排斥這些意見，這些都是不可取的態度。

在人生的旅途上，很多人因為受到別人的影響，漸漸地失去了主見，也喪失了決定自己未來的勇氣和魄力，只能按照別人的劇本安排自己的未來，成了一個贗品，而且，還是一個極不成功、沒有一點價值的贗品。如果我們總是不分黑白地接受別人的觀點，我們將失去自我。人云亦云，失去了原則，成功只會離我們越來越遠，而最終遙不可及！

堅持自己，我們每一個人都是原創，都是真品，也都擁有自己的想法和特點。哪怕我們可能因此而犯錯，甚至因此付出代價，但是只要我們及時總結經驗，吸取教訓，不再犯同樣的錯誤，並不斷的多讀、多看、多思、多想，不斷地超越自我，我們必將走向成功！

CHAPTER 11

# 保有無害的小心機

# 勿讓人拿你當槍使

在我們與人交往的時候，會碰到形形色色的人。那些面善心不善的人總喜歡耍些小聰明，想把我們當槍使，從我們身上取得他們想要的，然後在利用完我們之後，把我們扔一邊，翻臉比翻書還快。

被人利用並不可怕，但可不能輕易被別人當成工具，完全按照別人的意願行事，那樣只會使自己完全陷入被動，最終受到傷害的時候，後悔也來不及了。

小王是某公司市場部的一名員工，最近他碰到了一件不可思議的事情。

原來，售後服務部的經理覺得市場部工作是個肥差，他一直想坐上市場部經理的位置，經常在背後搞點小動作。這些事情大家都明白，並沒有完全當回事。長期以來，市場部的業績一直很好，想要撤換經理談何容易，除非採取一些非常規手段，他才有可能得到機會。

當然，一個人的力量是微弱的，售後服務部經理也意識到了這一點，他一直都在物色可以利用的物件。在年終的一次會議上，小王對市場部經理提出了一些意見，售後服務部經理看在眼裡，記在心裡，認為小王可以為他所用。

一次，小王在公司附近的一家餐廳用餐，碰巧售後服務部的經理也來了。這位經理主動與小王打招呼，和小王聊天，話題也慢慢地轉向了市場部經理，還試圖獲得小王對市場部經理的看法。

小王是一個閒談不論人非的人，只是淺淺地笑一笑，並沒有著他的道。售後服務部經理倒是急了，乾脆就別有用心的說，這個市場部經理對小王和他的同事是如何如何不公平，還舉了一些例子來證實他的話。本以為這樣就能讓小王的警惕心下降，同時激發他內心的不滿，進而與他站在同一戰線。

小王依舊保持沉默，售後服務部經理以為小王正在思考市場經理的不是，便動情地說「身為一名經理，居然在單位搞歪風邪氣，必須得有人出來制止，並向上級主管反映」。看似一身正氣，說完便鬼頭鬼腦地唆使小王。要求小王給上級部門寫匿名信，指控市場部經理，材料由他提供，上交前他會在上面簽名。

當他清楚這位經理的意圖後，小王覺得眼前的這個人太陰險了，便斷然拒絕了他的要求。

小王想：「想拿我當槍使，門都沒有。」

被人利用並不可怕，只要堅持自己的原則，就可以避免受到別人的傷害，甚至可以互相利用而成就自己。但需要警惕的是，千萬不要被人當槍使，否則會自身受損而追悔莫及。在歷史上，被人利用而身敗名裂，甚至走向絕路的例子也有很多。

利益當前，我們不能被一時的小恩小惠蒙住了雙眼，失去做人該堅守的準則，應堅持自己的是非觀。在事成之前，被利用的人儼然是一派貴人的姿態，許諾在事成後讓人升官發財；殊不知被利用的人恐怕還得努力祈禱，這些「貴人」可別繼續騷擾自己就行，那些名利之類的則是不敢奢望了。

明成祖朱棣在位時，因與自己的妹夫駙馬都尉梅殷政見不同，便產生了謀害他的想法。這樣的事情當然不便公開做，只好祕密進行，於是便派前軍都督譚深和錦衣衛指揮趙曦去完成差使。

那天，梅殷如同往常一樣去上朝，就在走到橋上的時候，譚趙二人故意將其擠下橋去，害他被活活淹死。本以為這件事做得巧妙異常，沒人看到，卻偏偏有人目睹了整個過程，並狀告他們二人蓄意謀殺駙馬。

鐵證如山，朱棣只好讓刑部依法辦理，最終定二人死罪。

結果這二人抵死不從，偏要說出「是奉皇上的命令」，於是朱棣心一橫，命大力士打掉他們的牙齒，然後斬首示眾。

在利益面前，曾經的許諾只是一紙空談，根本起不了作用，每個人都應為自己的行為負責，就算別人以前把你當成心腹、左膀右臂，直到他們的目的達到時，無事則已，一旦問題暴露，你還會成為那無助的代罪羔羊。

縱觀古今，被別人玩弄於股掌中的人有幾個能有好下場？往往是幕後策劃的人坐享其成，幕前奔走的人縱使不身敗名裂，也會在人們的視線中消失。人微言輕，被人利用不是壞事，但可千萬不要成為別人完全的附庸，失去獨立思考的能力。一旦成為別人手裡的一顆棋子，等到你的利用價值不夠大的時候，他們隨時都有可能放棄你，舍卒保車。

# 一定要警惕的職場陷阱

職場是複雜的，如果說我們是生活在一個大社會中，那麼職場就是一個濃縮的小社會，裡面什麼樣的人都有，而且並不盡是友好和善的。在職場中，處處都潛在著讓人厭惡的陷阱，有時只是那麼不經意的失誤，就可能成為主管或同事利用的對象。我們一定要保持警惕，保有堅持對人事的認知能力，不輕易被別人左右。

對於那些年輕人來說，能夠明辨大是大非，是一件尤為突出的重點，如果天真地以為用你的真心就能換得別人的真誠，那就是把別人看得就太美好了。也許你的真心的確能換得他們的笑容，但那笑容是詭異的。進入一個新的環境時，千萬不要不拘小節，隨隨便便地把自己的弱點暴露出來，否則會很容易被他人的表像迷惑，吃虧上當。

大學畢業後，劉明很快在一家公司找到了一份技術工作。後來，公司主管發現他不僅技術能力強，而且思維敏捷，文筆流暢，具備了對工廠內部管理的能力。原來劉明的大學期間自學了很多其他專業的內容，雖談不上精通，卻也不比那些專業出身的人差多少。主管很欣賞他，認為他在車間搞技術有點委屈了他，便將他調進辦公室，從事行政部門的工作。

劉明本來就是不拘小節的人，平時喜歡與人打成一片。自從到了辦公室後，為了與新同事搞好關係，就與辦公室裡的人稱兄道弟，還經常把自己的一些祕密說出來與大家分享，希望這樣能更快地與大家熟悉。

劉明有一個同事叫張強，算是公司的一名老員工了，幾年來別的同事都調到更好的崗位上了，只有他一直沒有動。看到劉明才來了幾個月就升職加薪，讓他心理更不平衡，總想著什麼時候整他一下。

在一次過節聚會中，劉亮又興致勃勃地和大家談天說地。只聽張強說：「我來公司都兩年多了，工作也沒調動過，真沒意思。」

劉明看張強一臉不開心，便熱心地湊過來對他說：「別急，主管的眼睛也是雪亮的，只要你努力去工作、能力出眾，主管早晚會知道的。你瞧，我來公司才幾個月，主管就給我漲工資了……」

聽到這番話，一起開心聊天的幾個同事都沉默了下來，紛紛走開了，只有劉亮沒有覺察這異樣的情況。

後來，他仍舊與同事們友好相處。到了年終的時候，公司依慣例舉辦模範員工的評選活動，讓他感到意外的是，自己竟然一票未得。他在想，難道平時裡的友好都是假的嗎？

其實，要怪也只能先怪劉明自己，平時說話太過隨意。就像那次聚會中，說什麼「主管的眼睛也是雪亮的，只要你努力去工作、能力出眾，主管早晚會知道的」，別人都兩年多沒調動了，這不是轉個彎說人家還不夠努力或能力還不夠好嗎？言者無心，聽者有意，那些老員工好幾年都沒調動工作的大有人在，聽到這樣的話，自然對劉明看不下去。

剛踏入社會的年輕人，常常會被人惡意利用而不自知，在工作單位裡，這種情況也經常能看到。或許這也是年輕人步入社會必須小心的細節。

當別人需要幫助的時候，伸出援助之手是應該的，但也應考慮清楚後果，有時在一片好心之下，卻誤做了壞事也不盡可知。做下屬的要勇於為主管所利用，為主管解決難題，在被利用中實現自己的價值。但一定要有一個尺度，不能讓自己成了主管的一枚棋子。

凡此種種，同事也好，主管也罷，行事之前一定要弄清對方的真正意圖。沒弄清那潭水有多深就一頭跳下去，也許會為自己帶來致命的傷害。

有些人會在利益之前不擇手段，人前與你稱兄道弟，口中說相見恨晚；到了人後，便處心積慮地設計一個又一個陷阱，讓你開心地往下跳。

面對職場上的陷阱，我們應秉持堅定的是非觀。當面前擺著一塊大餡餅的時候，要冷靜地想一想，不要被別人放出的煙霧迷惑。如果無法抵制誘惑，往往會使自己陷入極為被動的局面，再想抽身出來就難了。

「一失足成千古恨，再回首是百年身」，在陷阱前，不要不顧一切地跳下去，從利益的角度好好想一想就會發現：沒有什麼便宜是輕易能獲得的，不要讓自己變成別人的踏腳石。有些人達成自己的目的後，只要隨意那麼一腳，就能把你踢得遠遠的，讓你想翻身也難，後悔也來不及了。

# 好人也可以先告狀

我們常說「惡人先告狀」，這種惡人總能伴演傳聲筒的角色，有意無意地把別人的小祕密、不滿情緒或言論等向上級反映。在別人的眼中，這樣的人就像一個毒瘤，只有割掉了才能大快人心。

在職場上，惡人先告狀是常有的事。面對這樣的人，有些人認為自己「身正不怕影子斜」，行得正就坐得端。這樣的人有一顆仁慈的心，但也顯示他們行事過於大意，最後往往在惡人腳前栽跟頭。為了保全自己，在特定的情況下，我們不妨也做一回惡人，與其等到真相大白的時候才能沉冤得雪，還不如事先就主動一點，避免受無枉之災。

也許有人會說，這樣的話，我不就成了惡人了嗎？其實，對待好人，我們要表現得比他們還要好；對付壞人，有時我們可以調整一下自己的原則，比他們還要「壞」。這種「壞」並不是真的為所欲為、傷天害理，只是及時地阻斷別人的中傷之詞，防範別人的「加害」之心。

周洋是某公司的一名員工，平時為人處世很是得體，與同事們相處得也很不錯。不過，最近她突然向上級提交了辭職申請，原因是自己無法適應現在的工作。大家都覺得不解，雖然小周進公司的時間不算很長，但她的表現一直都很好，而且她的叔叔是公司的副董事長，未來的發展一定會比別人更好。

原來，周洋大學畢業後，她叔叔在客服部給她安排了一份工作。晚上，客服部聚會歡迎新員工的加入，幾杯酒之後，部門孟經理說：「你們都知道『周扒皮』吧？」說著說著，還學著他的樣子給大家看。

看到經理的表演，周洋猜想這個「周扒皮」應該是自己的叔叔。她心想：「孟經理大概還不知道，我就是周扒皮的侄女。」她沒有當面表明自己的身分，想聽聽孟經理還有什麼話要說。

孟經理繼續說著自己的看法，逗得大家哄然大笑。只有周洋覺得不好意思，他們現在笑話的「周扒皮」可是自己的叔叔。除了自己的叔叔，只有董事長知道她的身分。

原來，公司董事長與周洋的叔叔交情非淺，兩人一起創業，風風雨雨一路走來，才有了今天的成就。公司步入正軌後，周洋的叔叔就被任命為公司的副董事長。

周洋是一個不喜歡張揚的人，對這位經理的話雖然討厭，也不想在叔叔面前去揭露，她想，誰還沒有個對公司主管的意見。

事後的幾天，客服經理不知道從哪裡知道了周洋的身分，看到她時總顯得有點冷淡，像是上級主管在他身邊安排了一個眼線一樣，安排她來監視自己。

一天，副董事長叫周洋去一趟辦公室，第一句話就讓她感到莫名其妙。「聽說妳在公司搞小圈子了？不要想那些歪門邪道，做好自己的工作最重要。」

周洋楞了，這話得從哪裡說起？平時自己安分守己，怎麼還說在搞小圈子、發展自己的小勢力呢？

副董事長又說：「我聽說妳與妳們經理的關係處理得不太好，他說妳靠我的關係，不太把他放在眼裡，總是與他唱反調。他可是我們公司的功臣，妳好自為之吧。」

周洋被訓得不知所以，還想解釋，但卻被副董事長認為「她在強辯，不承認錯誤」。她失落地走出了辦公室，正好碰到了經理，不知真是碰巧還是經理有意在那等她，謙虛地說：「小周呀，以後我要是有什麼對不住妳的地方，可要多照顧點，有了妳們的不斷提醒，我才知道自己的不足，對我也是一種激勵嘛！」

就這樣，周洋被經理陷害了，真是有理也說不清。本來自己是好心不去抓別人的小辮子，沒想反而讓自己成了徹徹底底的受害人。

如果周洋能在一開始就表明自己的身分，也就沒人會在她面前說副董事長的不是；如果她能在副董事長面前有意無意地反映一下那位經理的言論，也不至於副董事長到後來只聽取一面之詞，完全不聽她的解釋。

君子成人之美，不成人之惡，能不在背後批評別人就不要輕易表態。不過，有時候也要考慮到自己的處境，別人說的時候也許是在發洩不滿情緒，當他們清醒過來的時候，又會為自己的不當言論感到後悔，擔心聽的人會在上級面前揭發自己的言行，為了保全自己，他們就會採取一些手段，剷除異己。所以，想要在複雜的交往中維護自己的正當利益，就要學會掌控局勢，什麼該做，什麼要做，都了然於胸，不讓自己成為別人的犧牲品。

# 豎起耳朵，留意身後

在人際交往中，被人利用實在是一件值得慶幸的事情，有人承認我們的價值，我們就要在這個時候繼續提升自己的價值，更不能讓自己貶值。只是利用我們的人並不完全對我們都有利，如果被一些別有用心的人利用了，給自己帶來的將恐怕只有煩惱和無助，甚至是絕望。為此，我們不能對身邊的一些小人的言行總是一副無所謂的樣子，應該謹防他們在背後作祟。

在歷史上，受小人的讒言而遭到打擊迫害的人數不勝數，在人類文明不斷發達的今天，這種人並沒有絕跡，就像一部戲，劇情基本一致，只是劇中人物的名字更換了罷了。仔細看看我們的周圍，誰能說這樣的戲絕對不會上演。

我們常說能力有多大，責任就有多大。其實這也意味著在奮鬥的過程中面對的困難就更大，那些心存妒嫉的人就像一枝枝暗箭，把你當做準心，隨時都有可能飛過來，狠狠從心臟穿透而過。

在職場上，我們會碰到這樣一種人，他表面上對你非常友好，非常關心，經常給你說些「心裡話」。我們會被她的「真誠」深深地感動，並把她當成知心朋友，所以心裡話會毫無顧慮向她訴說，覺得這樣既能緩解壓力，又能求點高招。其實不然，在我們向她傾訴的時候，正是她積累陷害的過程，如果不及時發現或停止，那可要吃大虧了。

小陳和小汪是好朋友，也是同事眼中的金牌搭檔，工作僅兩年，就成了部門的優秀員工，能夠獨當一面。

每年，為了激勵員工，公司都會進行內部競聘，優秀者將會得到晉升的機會，而在這一次的角逐中，小陳和小汪的堅持到了最後，脫穎而出。

不過，新崗位的人員需求是有限的，並不一定二人都能當上最後的成功者。當人事經理分別找他們談話的時候，問題出現了。

在與小陳的談話中，人事經理說：「我知道你跟小汪的關係很好，所以想從你這了解一些有關他的其他情況。」並要求小陳對小汪做一個簡要的評價。當然，在談話中，他還暗示了小陳，小汪會是他的直接競爭對手。

小陳說：「我與小汪的關係還算可以吧，他表面上看能力較突出，不過獨立解決重要問題的能力還不夠，還好我經常無私地幫他，讓他少了許多困難。」說著，他還把小汪過去的一件事情說出來，小題大做，並反覆強調是自己幫助擺平了此事。

後來，人事經理又以同樣的問題詢問小汪，小汪說：「在我眼裡，小陳是我最好的朋友了，自己經常得到他的幫助，也從他那學到了很多。」

經理又問：「不只是他幫過你，我知道，你也幫過他的，你覺得你們倆誰更適合主管的職務？」

小汪回答說：「我想，小陳更適合，他工作熱情高，業績很突出，如果小陳能夠升職，我將全力配合他的工作，通過學習來提升自己的能力。」

不過，最後還是由小陳成為新的主管。

生活中這樣的事件到處都有，在這個競爭激烈的年代，很多人為了爭取在社會上的一席之地，不是憑個人能力，而是劍走偏鋒，通過貶低別人抬高自己，以滿足自己的私心。好在這位人事經理並沒有聽取小陳的一面之詞，而是深入地了解兩人，才不至於做出錯誤的選擇，小陳才不至於被自己眼中的好友暗中傷害。

一個人，當他面臨的對手越強大時，說明他的能力也越大。不過，聰明的人是看到對手的優點，以此來襯托自己的強大；而平庸的人就會把對手的缺點搜出來，大肆渲染，想通過貶低對手來提高自己，而這恰恰是在降低自己的身分。試想，如果對手是一個一無是處的人，你還有必要跟他比較嗎？通過貶低這樣的人來抬高自己，本身就是一個笑話。

當然，一個主管不會喜歡在背後說人不是的人，不過他們總會有犯錯的時候，一時的偏聽偏信，就有可能讓一個優秀的員工失去一個更好的機會。明槍易躲，暗箭難防，有的人會為了追逐一時的利益而不擇手段，所以，我們就要打起十足的精神，好好盯緊自己的身後，聽聽別人對你的真實看法，這樣才能讓自己看穿別人的面具，看清他們的內心，以免使自己成為他們謀取利益的工具。

# 堅持自救的美學

當一個成功者在向我們講述他的故事時，最讓我們感興趣的是哪一部分呢？是他站在領獎臺上，接受大家掌聲與稱讚的那一刻嗎？當然不是！最讓我們感興趣的是他身處逆境時如何度過的那一部分，因為這才是他們能夠站上領獎臺的關鍵。

生活沒有一帆風順，成功的人都是風雨中掙扎過來的。當我們身陷困難的時候，不能只是被動地等待救援，最好的辦法是自救，不然，只會讓寶貴的時間一點點流走，更糟糕的是，等待來的還不知道是什麼樣的結果。自救能讓自己盡快擺脫困境，是人生的重要財富。只要懂得自救，當我們再次面臨同樣的問題時，它就不再是一個難題了。

一九八九年，林聰穎在青島做服裝零售生意掙了點兒錢，回到老家準備辦成衣廠，遭到了一致反對，不過，在他的堅持下，成衣廠還是成功地辦了起來，「九牧王」的前身也隨之誕生了。

在九牧王這個品牌還不為人熟知的時候，林聰穎為了九牧王西褲能進北京王府井商場遇到了極大的困難，被市場經理一再拒絕。不過，他並沒有放棄，照樣積極去求見，人家最後看見他就躲得遠遠的。無奈之下，林聰穎決定直接去經理家裡，但他並不知道經理住在何處，只好用不太光明卻實用的辦法了——跟蹤。

在經理下班的時候，他偷偷地跟在人家後面。在當時，經理騎的是自行車，林聰穎只好在後面跟著跑，跑得滿身是汗，最後還是沒能跟上。第一次失敗了，沒關係，還有第二次。這次他選擇搭計程車，但最後遇到紅綠燈，再一次跟丟了。

林聰穎異常懊惱，失落地回到住處，卻意外從一位老鄉那裡得到了經理的具體地址。當晚林聰穎買了一些水果就登門了，本想家裡應該好說話的，卻被拒絕於門外，連進門的機會也沒有，並且被告知「如果再來，你的產品永遠進不了王府井」。沒辦法，林聰穎只好天天到經理的辦公室外去等。就這樣半個月後，直到王府井商場董事長出差回來，九牧王西褲才獲得一個進王府井試賣的機會，最終憑藉優良的品質，九牧王西褲在王府井站穩腳跟，為開拓全國市場發揮了決定性的作用。

這就是「西褲大王」的經歷，如果他在還沒成功的時候，只想等著別人突發善心來救助他，那他成功的可能性幾乎為零。想要成功，不能只是奢望著別人的垂憐，奮起自救才是核心，這樣才能自立自強，才是在最終拯救自己，脫離被利用境地的最好方法。

為什麼有的人喜歡等待救援呢？主要原因還是他們低估了自己的能力，沒能正視自己。其實，在逆境中，我們的潛力會被更完美地激發，我們的能力是在不斷克服困難的時候一步步提升的，這也是認識自己的一個絕佳機會。有的人習慣放棄，習慣等待援助，他們總會為眼前的失敗找到合理或看似合理的藉口。在困難面前，已經給自己找好臺階的人，怎麼會想著去迎接挑戰呢？

在逆境中，有人學會了逃避，學會了放棄，並安慰自己說「放棄也是一種美」；有人選擇堅持，選擇迎難而上，他們敢於斷絕一切後路，置之死地而後生。那些能夠取得成功的人，正是後者；而前者終其一生也不可能有大的成就，他們不僅容易成為別人利用的對象，更容易成為別人利用的棋子。

任何事情只要換一個角度去看，總會有不一樣的發現。失敗或挫折固然讓人難以接受，卻在一個人的成功之路上扮演著重要的角色。當我們在做一件事情的時候，如果不碰到一定的困難阻礙，我們就只能緩慢前進，因為我們會覺得自己的方法是對的，只要一直按照眼前的方法做，肯定會成功；當遇到挫折困難的時候，雖然在短時間內會停下前進的步伐，卻能讓我們不斷反思，自己為什麼錯了，是不是還有更好的辦法。當我們找到解決問題的方法是好的，就能加速前進的腳步。

在被人利用時，我們其實已經身處逆境之中，畢竟我們在很多方面都要受到別人的限制。面對這樣的情況，有的人會表現得畏首畏尾，不敢表達自己的觀點。他們總是擔心自己的觀點會與利用他們的人不同，害怕因此而冒犯對方。這種人是可悲的，每個人都在扮演著不同的角色，如果你沒有了自己的觀點，也就沒有了唯一性；面對挫折不想辦法克服，只想著固守待援，隨時都會被取人取代。

成功的人生就像一場長期的跨欄比賽，每一個欄的高度不盡相同，當我們遇到一個更高的欄時，不能就此在它面前停頓下來，抱怨它的高度太高，而是要激勵自己勇敢地跨過去，摔倒了又算什麼，站起來就是了。當我們跨過這些障礙的時候，才算是真正的成功，然後再回頭看看那些曾經不可逾越的欄時，你將會發現，那些跨欄其實很矮。

# 告訴自己一定能做到

「我做得到」並不是每個人都能輕易說出口的，尤其是在遇到困難的時候，很多人反而會選擇沉默或是放棄。

對於一個有自信的人來說，說出「我做得到」並不是什麼難事，他們本身就充滿了自信，渴望接受新的挑戰，尤其是在遇到困難的時候，更是他們顯現實力的時候。當我們充滿自信的時候，我們就是一個打不垮、擊不倒的強者。想要走出被人利用的局面，就要有這種舍我其誰的勇氣，和克服困難的霸氣。

程菲大學畢業後，進入一家化妝品公司工作，剛剛接受完培訓時，公司經理宣佈：「為了提高公司業績，公司需要開發新的市場，有沒有主動請纓的。」經理微微笑了笑。

誰都知道這是一件很重要的事，更是一項艱鉅的任務，那些老員工都低下了頭，也就是在表示不願意去。

就在大家一片沉默的時候，程菲舉大聲說：「報告經理，我想去。」那些低頭的同事們驚訝地抬起頭來。在他們眼中，程菲還是一個菜鳥，他們都不敢輕易表態的任務，程菲竟敢毛遂自薦？

經理也有點不相信，說：「很好，只是妳……」經理的話還沒有說完，程菲便搶著說：「雖然我是新員工，但是我相信只要全力以赴，一定能克服困難，順利完成任務。」

經理欣賞程菲的勇敢，出於對她能力的考驗，他同意了程菲的請求。

下班後，同事們都在一旁議論紛紛，有人說她不知深淺，有人說她愛出風頭……不過程菲一點也不覺得自己是一時衝動才會說出那樣的話，她相信自己能做到，別人越不信任，反倒讓她越想證明自己能做到。

經理專門為程菲制訂了一套嚴謹的工作方案，並表示不管遇到什麼困難，程菲可以隨時聯繫他，他會全力幫助。經過將近數個月的奔走，程菲終於在新的城市開闢了新的市場，銷售額也開始持續增長。

公司的人開始對她刮目相看，眼神裡多了一份敬佩，她也理所當然地成為新市場的部門經理。

沒有人生來就與眾不同，大家本來都是不為人知的無名小卒，不過有些人藉由不斷的努力脫穎而出，成了受到眾人追逐捧場的對象，他們把別人眼中的不可能變成了可能。而為數更多的人，則成了追捧他們的人。

對自己充滿自信實在是太重要了，有了自信就能產生信念與目標。它告訴我們：「要想享受到成功的果實，就要敢於不斷地突破。」

信心是促使我們不斷前進的動力，當我們遇到挫折的時候，最怕的就是失去信心。沒有信心的人就像洩了氣的氣球，只剩下一副皮囊；如果有了信心，就算掉了下來，也會慢慢地再次升上天空。很多時候，我們就是在別人不看好的情況下做好一件事，這既是個人潛力的激發，更是自信帶來的驚人的力量。

實際上，很多人並不是不想改變自己被人利用的現實，只是他們多半把時間虛耗在哀聲歎氣，沒有敢想敢做的魄力。在他們心中，似乎人生本該如此，又何必掙扎。每個人的內心都有一幅關於自己未來的畫面，如果你只是任憑別人在上面塗塗抹抹，那就失去了自我。我們要敢於用我們的雙手在畫面上增添色彩。這是自信的表現，才有更大的希望和更光明的前途。

當然，成功也不能僅憑「自信」兩字就能獲得，同時還要有不屈不撓的毅力和決心。要把內心的想望變成事實，全靠自己的努力。只有付出不懈的努力，才能成為眾人追逐捧場的對象。

沒有人的人生會平坦如湖面，總是充滿著荊棘與坎坷，既有荒涼的大漠，也有深長的峽谷；既有橫阻的高山，也有斷路的激流。生活本身並不只有成功的微笑，還會有苦澀的淚。無論何時，我們都要滿懷激情地對自己說一聲：我行，我能行。即使我們只是凡夫俗子，沒有過人的才華，也沒有美麗的容顏，我們也不可以缺少自信。

我們在做每件事情時，都應該抱著「我一定能行」的自信態度，無論做得好與壞，都應該相信自己一定可以，這樣你才能做得更好；如果在沒做這件事情之前，就認為自己做不好或認為自己不會做，那就說明你的人生觀太消極了。要知道，任何成功都是在你的嘗試後取得的，相信自己能行，你才能一步一步地接近成功。

沒有不可能，只要我能行。通向成功的道路很多，不過在輕言放棄的人眼裡，條條都是絕路。碰到一段小山路，他們就覺得太苦太累，便返回去走另一條路。在自信的人心中，每一條路都可能會幫助自己獲得成功，即使是走在崎嶇的山路上，他們也會把這段路視為欣賞大自然另一番美景的好機會。

面對挫折，我們更要把握機會，仔細品嘗挫折帶來的人生感悟，並且抬起頭，一次又一次地對自己說：「我不是失敗了，而是沒有成功。我相信，我能行！」

# 不因失敗而喪志

每一天，我們都應該思考一個問題：「我們該怎樣生活，才不至於虛度一生？」這就需要我們能夠在被人利用的平臺上實現自己的價值，最好還能開創自己的事業。

能夠成功的人，都有著自己的雄心鬥志，無論遇到多大的困難，也不動搖。有的人，一面臨惡劣環境，便將原先的美好設想忘得乾乾淨淨，當別人向他們投以懷疑的目光時，他們也開始懷疑自己，認為自己選錯了出發點。有的人，不會輕易地在困難之前低頭，雄心不滅。在困難面前，雄心就像一團烈火，就算遇到再多荊棘，也會從上面滾過去。

人，可以被擊敗，但不能被擊倒；可以失敗，但不能喪失雄心壯志。在人生的道路上，沒有人能夠隨隨便便取得成功。縱觀過去和現在，成功的人都有著遠大的理想，環境再惡劣，也會堅定地朝著目標前進。他們相信：肯堅持，才有機會成功，這就是一種雄心。在被利用的現實面前，我們要用雄心去激勵自己，迎接被利用，因為只有被他人利用，體現出自己的價值，我們方可有朝一日由弱變強，成為真正的勇士。

說起和田一夫，很多人覺得他是一位傳奇人物，在半個世紀的時間之間，他創造了八佰伴的神話，把自家的蔬菜鋪子一舉辦成了年銷售額五千億日元（合四十億美元）的跨國零售集團。不過由於經營不善，一九九七年，八百伴集團因負債額超過了一千億日元而正式宣告破產。

在八佰伴破產以後的很長一段時間裡，和田一夫從一個大家眼裡的英雄變成了罪人，到處都充斥著對和田一夫的批評，不得已，他過起了隱居的生活。

儘管光榮已經成為過眼雲煙，但是時年六十八歲的和田一夫並沒有被徹底打倒，他打算在七十歲再次創業，重新開始。一九九八年，他在朋友的幫助下又開辦了一家小型的經營顧問公司，希望把他失敗的教訓告訴後人。

二〇〇二年，七十二歲高齡的和田一夫來到杭州。在杭州的電視臺節目中，他仍然對自己的未來信心滿滿。他的事業在七十二歲再一次達到巔峰，創造了空前的神話。由此可以看出，這位老當益壯的和田一夫還是有著東山再起的意願，而且還充滿了信心。

一位七十二歲高齡的老人，在遭遇了人生中最慘痛經歷的失敗之後，還能滿懷希望地高唱「我們還有明天」，這是一種怎麼樣的精神？是他那種積極的人生態度，是他那永不磨滅的雄心壯志。

沒有人生來就會被貼上「成功」或是「失敗」的標籤，任何人都有自己的價值，只是有的人習慣放棄，有的人選擇堅持。一個有雄心的人，心裡能裝下整個世界，做別人無法做到的事情；沒有雄心的人，只能眼睜睜地讓自己在別人的安排下生活，平平淡淡度過一生。

有時候，我們習慣拿著放大鏡看問題，本來我們只是想把問題看得更清楚，然後找出解決問題的辦法。不料有的人因此把問題放大了，一個很小的問題也被他們視為大問題，然後主動放棄。

愛迪生在經歷了幾千次的試驗後才找到適合做燈絲的材料，我們能說他這幾千次試驗都是失敗的嗎？那只是他發現了幾千種不適合做燈絲的材料。有了一顆雄心壯志，不管遇到什麼樣的艱難，都將能讓自己勇敢地挺過去。

任何一個成功的人在緊要關頭，都具有臨危不懼、不怕失敗、頑強拼搏的精神，都能在最艱難的時候，不灰心喪氣，並能不斷地從失敗中認真總結教訓，迎難而上，化恥辱為動力，從而增加了成功的機會。他們的可貴之處，就在於跌倒之後有所領悟，而不是莫名其妙地爬起來。

我們每個人都會面臨各種挑戰、機會，和挫折，這時候你的抉擇和承受挫折的能力，就是你未來的命運。成功不是一個海港，而是一次埋伏著許多危險的旅程，人生的賭注就是在這次旅程中要做個贏家，成功永遠屬於不怕失敗的人。

吃得苦中苦，方為人上人。人總是要從一次又一次的失敗中堅強地站起來，繼續努力，繼續前進。到最終，當我們回首曾經走過的路、經過的坎坷，或許就會在不知不覺間發覺自己長大了、成熟了。失敗能讓我們更加堅強，只有讓自己變得更堅強，才能迎接更殘酷的挑戰。

我們都應該是自己命運的設計師，無論我們在人生的哪個時刻被命運甩進黑暗，都不應該悲觀、喪氣，這時候，我們體內沉睡的潛能最容易被激發出來。黎明之前總是黑暗，失敗並不可怕，成功之路並不平坦，只要我們的雄心不滅，不被那些小風小浪嚇倒，我們的腳下就一定會有新的道路，我們的人生一定會一幅更加美好的畫卷。

# 不預留過多退路

我們常說絕處逢生，很多時候，我們在別無選擇的時候更容易成功，這時候反而更能發揮潛能，克服一切難題——反正是死是活只有一條路，不硬著頭皮衝，恐怕是走投無路。

其實，在我們斬斷退路的同時，也是在堅定我們的信心，告誡自己放棄逃避的念頭。一個一直允許自己退縮的人，會認為失敗早在自己的意料之中，這樣的人，在行動時就已經想好了退路，根本沒有發揮全部力量。有時候，最好的退路就是無路可退。

美國科學家做的「青蛙實驗」幾乎人人皆知：把青蛙放入鍋中，在鍋底慢慢地用溫火加熱，青蛙原本是悠哉游哉地在水裡漂游，等到水加熱到無法承受時，青蛙卻是想跳也跳不出來了；相反的，將一隻青蛙猛地擲入沸騰的滾水中，它卻能倏地躍起而逃生。

不留退路，就是給自己一條出路。只要擁有不留退路的決心，就會一心一意去面對眼前發生的一切，還會有意想不到的收穫。人往往是在緩慢的等待中消耗了自己。在無謂的等待中，在慢慢的適應中，消磨掉的是才華、能力和信心，最後只剩下無奈和惆悵。

一九八八年，一個名為「創維」的小公司在香港誕生。它的創始人就是黃宏生。黃宏生最先以代理電子產品出口打開創業之門，但由於不熟悉香港的環境，貿易環節又太多，進了貨賣不出去，造成虧損。眼看著自己的努力付諸東流，黃宏生大病一場。

第一次打擊剛過，第二個打擊又來了。一九九〇年，他得到可靠消息，香港要開麗音廣播試驗，他立即在幾天內與菲利浦公司簽訂了合作開發機上盒的解碼器協議。讓他沒有想到的是，電視臺嫌麗音廣播成本太高，說停就停了。這一下又讓黃宏生損失了五百多萬港幣。他急昏了頭，決心背水一戰，直接生產彩電。他聘請了國內知名廠家的工程人員四十多人開發彩電產品，但技術與世界水準根本沒法比，產品買不出去，又虧損了近五百萬元。

好在這些足以讓人崩潰的打擊並沒有使他崩潰，反而讓他在失敗中看清了企業的定位和走向。

一九九一年，香港著名的彩電企業訊科集團被錄影帶大王瑞林集團收購，原訊科集團的人才卻不能得到重用。黃宏生知道，創維要發展，必須有這樣的優秀人才。他用了半年的時間遊說，終於將三十名科技人才吸引到了創維。九個月後，創維就推出了第三代新型彩電，並在德國展覽期間，出人意料地獲得了幾萬臺的訂單。創維終於有了出頭之日。

隨後的時間裡，創維步入了發展的快車道，成為行業內上升速度最迅速的企業。

看著黃宏生的成功之路，我們可以想像一下：如果他給自己早就留下了退路，告訴自己可以停下來，退回去，那還能有後來的創維嗎？我們要學會在夾縫中求生存，在絕望中尋找希望。有時，我們不得不感歎：成功是被逼出來的！

人的一生中有無數的困難和障礙，是必然存在而不容忽視的阻力，但只要一個人擁有真正的自信，就能夠勇敢地、愉快地面對困境。與無限的潛能建立密切的關係，便能使人擁有更深刻的、不動搖的、永恆的自信，而得以突破人生的轉捩點。

斬斷自己的退路才能精準地闖出一片天。如果我們要向前行，就不要只想著退路。在危急時刻，優柔寡斷只會讓我們損失得更多，用盡所有力量做最後一次冒險，才有可能扭轉局面。一旦做出選擇，就立即行動。人生沒有回頭路，有些人、有些事一旦錯過了，就再也找不回來了。想要擁有一些東西，不僅要付出相當的努力，而且要有莫大的勇氣去果斷地選擇。

每個人都有著生存本能，當我們無路可退的時候，才會更加努力地探尋出路。生活中，退路就是在為挫折與失敗找一些看似可以讓自己接受的藉口。當自己選擇放棄的時候，這種人還假裝昂首挺胸地走下去，內心卻是十分地恐懼。在最緊急的時刻，我們要像打不死的蟑螂，不被困難打跨，才能給自己創造一個向前衝刺的機會。

「讓我們學著像樹木及動物一樣順其自然，面對黑夜、風暴、饑餓、荒謬、失意與挫折。」對必然之事輕鬆地接受，就像楊柳承受風雨，只有如此，我們才能擁有好的心態，擺脫憂慮的困擾。

退路是一個人退縮的理由，永遠都是留給失敗者的，要想成功，就要切斷退路，不給自己任何退縮的理由。因為沒有退路，就只好盡自己最大的能力向著成功的方向前進，而任何一個人，一旦最大限度地發揮自己的能力去做一件事，那他成功的幾率是非常大的。

人生的得失有時就是取決於我們的一念之間。一念之差，就會讓人生有著截然不同的走向。有時候，我們不狠心地逼迫一下自己，斬斷退路，根本就不知道自己的能力到底有多大。

# CHAPTER 12

# 用心經營屬於自己的成功

# 思考與行動之間的距離

有的人擅長思考，很會規劃，非常清楚自己接下來的時間裡該做什麼，但就是不想行動。當他們想到行動過程中可能遇到的困難時，他們退縮了。他們渴望成功，又不敢去挑戰困難，這樣的人，就算有再好的規劃，也無法有所成就。畢竟，思考與行動之間是有距離的，凡事採取了行動，才有實現的可能。

甲和乙兩人來到一片空地上。甲在地上畫了一個圓圈，嘴裡嘟囔著：「我要在這裡種樹。」

乙並沒有說他要種樹，而是拿來一把鐵鍬開始在地上挖坑。

「我要在這裡種樹……或是這裡、這裡……還有這裡……」甲繼續在地上畫圓圈。這個時候，乙正把樹苗放在挖好的坑裡。

「我要在這裡種樹……這裡、這裡，還有這裡……」，甲仍然在地上無休止地畫著圓圈。這時乙已經提了水，澆灌著已經發芽的小樹。

「我要在這裡種樹……這裡、這裡，還有這裡……」，在地上畫滿了大大小小圓圈的甲，終於累得暈倒在地上，猛一抬頭，卻發現乙的大樹已經枝繁葉茂，且正在樹下悠閒地乘涼。

甲回頭看著自己畫下的滿地圓圈，羞愧地低下了頭。

每一個能夠取得成功的人，都是在經過努力行動之後而有所成就的，就像故事中的乙。在現實生活中，像甲那樣滿腹空想的人不在少數，這樣的人最終得到的只能是失敗。

想很容易，每天每時每刻我們都在想，想過去，想現在，想未來，分分秒秒思維都在運作著。從懂事的那一刻開始，我們的心裡就有著對未來的憧憬。每當眼前出現一幕偉大的場景時，總希望有朝一日在自己身上發生。

凡事都有計畫和實踐的過程，不管你的想法有多好，不管你的理想有多高。如果不去實際行動，那就只能停留在原地。

我們的身邊一些人，有些人成了企業家，有些人成了政府的要員，然而有的人則成了無所事事的流浪漢。他們有些人原本可能是同學或者校友，在步入社會初期，大家都站在同一個起跑線上，然而今天的他們卻有了如此大的差別。究其原因，並不是因為成功者聰明，也不是無所事事者就太笨。只在於他們有沒有去認真做一件事。

一個年輕人，歷經千辛萬苦，終於找到了傳說中的智者。

智者已上了年紀，但第一眼就給人洞察秋毫、精力旺盛的印象。這讓年輕人感到莫名的不安——因為在此行之前，他差不多耗費了兩年左右的時間，經歷了不少的周折，也吃了不少的苦頭，好不容易才找到了這裡。他實在不想出任何差錯，以至於一無所獲，空手而歸。

「你想成功嗎？」智者問他。

「想！真的很想！」年輕人真誠且莊重。

「那你想過成功需要付出什麼代價嗎？」智者緊盯著年輕人，語氣和緩而有力。

「這……」年輕人一時答不上話來。是啊，自己只是在不斷地設想獲得什麼樣的成功和成功後的景象，但的確沒有好好地想過成功需要付出什麼代價。

「任何人在通往成功的旅途中，都會遇到無數的坎坷乃至失敗，這是一條崎嶇而艱難的路。人們往往只看到了成功者的喜悅和輝煌，卻看不到或不願看到他們的付出，並付出所有的心力，以真正的行動去戰勝所有的挑戰。」

年輕人恍然大悟，感受到了一種震撼。一直以來，自己只是在幻想著成功後的樣子，從不曾考慮去行動。後來，他開始有計畫地達成他的每一個目標，享受著成功帶給他的自豪和快樂，不過，他知道，這還遠遠不夠。

的確，想是一回事，做又是另外一回事。想要取得成功，必須真正地行動起來，如果我們只停留在腦海中幻想，真的臨到要做的時候，不是覺得力不能及就是嫌太麻煩。於是，到頭來自己終究只能是個平凡的人。

每當有一個自以為很好的靈感出現，便立即會將其在冥思中進一步結構出來，當時常常會覺得這個構思十分理想，可為大作。當進一步將之賦之以形時，卻往往與想像的差之甚遠。這除了眼高手低外，恐怕主要因素卻是想和做的必然差距。

正因為想與做有著差距，更需要我們行動，我們不能因為它們有差距就放棄自己的目標。一次做不好，我們做應該做二次、三次，直到成功。

想與做總是有距離的，但只要努力做，最終將必然會成功。一個能夠有所成就的人，不會拖延著不行動，因為光想不做，是一種退縮的態度。一個人要想取得成功，不是光想想就可以的，最重要的是行動，這樣才會出現結果。

# 剷除埋藏內心深處的自卑感

自卑是成功路上的強勁的敵人。在日常生活中，有些人可能因身體上有某些缺陷而產生自卑；有些人過於苛求自己，總覺得自己不如別人，由此而產生自卑的心理；有的會因為工作不如他人而自卑；甚至有人會因為自己的身高、胖瘦不如意而自卑。

自卑是一種嚴重的心理障礙，不僅妨礙個人機體的健康，還影響一個人在工作上和事業上的進步。

自卑感的形成，主要是由於我們用自己的缺點與別人的優點相比而產生的。由於我們的注意力太關注於自己某一方面的不足，就難免對自己在這一方面的表現深感失望，因而難免產生了自卑感。

自卑會在我們的內心形成一種無形的壓力，因而造成了心理上的失衡與不安。因為有了自卑感，甚至連自己過去的美好形象也遭到了破壞，導致了我們對自己的否定。這樣的過程是相當痛苦的。

人無完人，金無足赤。寸有所長，尺有所短。生活中，人們不應該因為工作和學習上一時不如他人而產生自卑的心理。

一個農夫有兩個水罐，一個是完整無缺的，另一個卻有一條裂縫。農夫每次挑水，完好的水罐總能把整罐水從遠遠的小溪運到主人家，而有裂縫的水罐回到主人家時，往往只有半罐水，有裂縫的水罐感到非常痛苦和自卑。

一天，它對主人說：「我為自己每次只能運送半罐水而感到慚愧。」

農夫驚訝地說：「難道你沒有看見每次回家的路旁那些盛開的鮮花嗎？這些花只長在你那邊，並沒有長在另一個水罐那邊。因為我早就知道了你有裂縫，就合理利用了你的優點。我在你這一邊撒下了花種，於是每天我們從小溪邊回來的時候，你就能澆灌它們。如今，這些鮮花已經給我們一路上帶來了許多美麗的風景。」

如果我們能夠以坦然的心態去面對生命中的缺憾，愉悅地接納自己，揚長避短，充分發揮自己的潛力，相信遲早能夠看到「柳暗花明又一村」的美景。

強者不是天生的，而且也會有軟弱的時候。強者之所以成為強者，在於他善於戰勝自己的軟弱。一代球王比利初到巴西最有名氣的桑托斯足球隊時，他害怕那些大球星瞧不起自己，竟緊張得一夜未眠，他本是球場上的佼佼者，卻無端地懷疑自己，恐懼他人。後來他設法在球場上忘掉自我，專注踢球，保持一種泰然自若的心態，從此便以銳不可擋之勢，進了一千多個球。

球王比利戰勝自卑，走向自信的過程告訴我們：不要懷疑自己、貶低自己，只要勇往直前，付諸行動，就一定能走向成功。久而久之，就會從緊張、恐懼、自卑之中解脫出來。因此，不甘平凡，發憤圖強，彌補缺陷，是醫治自卑的良藥。

克服自卑雖然無法在一兩天實現，但通過努力、超越自己，還是可以擺脫的。我們可以用下面的方法試一下：

1.正確認識自己。就是要正確地與別人比較，每個人都有優缺點，這方面不行，其他方面說不定就比別人強。要揚長避短，絕不要一味抹殺自己。

2.以平常心看待競爭。真正的競爭不在於結果的降臨，而在於參與者在這個過程中是否提高了能力，學到了本領。而且應樹立即使面對的是失敗，也還相信自我成功的意識，畢竟我們自己對自己的評價才是唯一有價值的，別人的閒言閒語大可不必理睬。

3.積極的自我暗示。這是一種來自內心的刺激過程，是祈求，也是祝福，然而這點往往被人忽視，其實這很重要。任何觀念經一而再、再而三的重複，而深入地進入潛意識之後，將會變成一股催人奮發向上的力量。積極的自我暗示使人在面臨困難時信心十足，從容不迫。但也需注意，不能把目標定得太高，過多的奢望只會使自己產生不切實際的幻想，要一步一腳印前進，在不斷獲得小的成功中增強信心、克服自卑。

4.積極參與交往活動，改變自己的性格。在活動中，感受集體的溫暖，你會發覺大家很友好，並沒有高人一等的架子，不是你想像中的那麼糟。

總之，為了避免成為「經常的失敗者」，就要善於挖掘、利用自身的資源。我們要敢於嘗試，勇於拼搏，這樣才會有所作為。生活中充滿了成功的機遇，也充滿了失敗的可能。我們要不斷提高應付挫折與干擾的能力，調整自己，增強社會適應力，並堅信「失敗乃成功之母」。若每次失敗之後都能有所領悟，把每一次失敗當做成功的前奏，就可以化消極為積極，化自卑為自信。有了這一點，就會掙脫困境的束縛，走向輝煌的人生。

所以，置身不如意環境的人，不但不應該自卑消沉，反而要拿出加倍積極樂觀的精神去面對一切困難。停止抱怨，並把握機會去充實自己。一個肯努力上進的人，在任何環境裡都不會自卑。一個不肯積極進取，浪費光陰的人，本身就是一種恥辱，別人不會因你所在環境的不順就同情於你。

很多人未能正確的認識自己，把自己的不足無限地放大，讓自己的長處顯得微不足道，連自己都看輕自己，也就不能怪別人看不到你被利用的價值了。在激烈的競爭中，我們應認清自己的真正實力，深深了解自己的過人之處，然後勇敢地去行動，這樣才能有成功的機會。

# 成功屬於立即行動的人

有時候，我們會問自己：為什麼別人能站上臺領獎，而不是我們？為什麼別人可以在臺上接受鮮花與掌聲，而我們卻只能在下面給他們鼓掌？難道自己就不能像他們那樣成功一次？

其實，我們不需要再去追問他們為什麼會成功，因為是他們摸索的次數、失敗的次數要比平常人多得多；他們嘗試的方法，錯誤的方法也比平常人多，所以他們才會成功。再看看我們自己，努力夠了嗎？行動了嗎？一個還沒為自己的目標動起來的人，要談成功也是枉然。成功是屬於那些馬上行動的人。

年輕的時候，安德魯・卡內基曾擔任過鐵路公司的電報員。有次在假日期間，輪到他值班，電報機傳來了一通緊急電報，裡面的內容讓卡內基幾乎從椅子上跳了起來。

緊急電報通知，在附近鐵路上，有一列貨車車頭出軌，要求主管照會各班列車改換軌道，以免發生追撞的意外慘劇。

當天是假日，卡內基找不到可以下達命令的主管，眼看時間一分一秒過去，而一班載滿乘客的列車正急速駛向貨車頭的出事地點。

卡內基不得已，只好敲下發報鍵，冒充主管的名義下達命令給班車的司機，調度他們立即改換軌道，避開了一場可能造成多人傷亡的意外事件。

按當時鐵路公司的規定，電報員擅自冒用上級名義發報，唯一的處分是立即革職。卡內基十分清楚這項規定，於是在隔日上班時，寫好辭呈，並放在主管的桌上。

主管將卡內基叫到辦公室內，當著卡內基的面，將辭呈撕毀，拍拍卡內基的肩頭：「你做得很好，我要你留下來繼續工作。記住，這世上有兩種人永遠在原地踏步：一種是不肯聽命行事的人；另一種則是只知道聽命行事的人。幸好你不是這兩種人的其中一種。」

試想，如果卡內基猶豫了，沒有採取行動，那將會是多麼嚴重的後果。成功者之所以能夠成功，在於他們決定好了以後，便能義無反顧地去執行。

多少人苦苦追求成功，然而他們總是把這份追求停留在口頭上。我們經常聽到這樣的話：「我當時真應該那麼做，但我卻沒有那樣做。」「想當年我就有了那種想法，只是一直沒做，不然的話，成功的肯定是我。」方法再多，想法再多，又有什麼用，不去行動只會讓你與成功漸行漸遠。

每個人都有自己的夢想，每個人都不想白活一生，都希望自己能夠做點事情，只是有的人到死也沒有實現自己的夢想，他們不知道成功的不二法門就是馬上行動。我們曾經為自己設立了許許多多的目標，有大目標有小目標，有的目標實現了，有的目標沒有實現，現在回想一下，那些實現的目標都是我們馬上行動的結果，至於沒有實現的目標，則是因為我們始終沒有行動，這樣自然是不可能實現的。

一分耕耘，一分收穫，只有付出行動才會產生結果。下定決心是一回事，付諸行動又是另一回事。舉一個簡單的例子，一個推銷員要想成為金牌業務員，就一定要去拜訪很多的客戶。如果他沒有做到最頂尖的業務員一天所拜訪客戶的數量，他根本就沒有成功的機會；如果他無法做出一個頂尖業務員所付諸的行動，那他的業績也自然是無法上升了。想成功，就是在別人總埋怨沒有成功的機會的時候，自己腳踏實地的做事。機會不是不在，需要我們學會捕捉。

對每個人來說，每一天都是一個新的開始，我們當然可以謀劃自己的理想和前程，甚至可以放眼世界尋找更好的機會，但不要忘了我們首先得為今天的工作努力，踏實地走好腳下的每一步。

如果你是一個編寫程式的工程師，天天盯著電腦發呆，而不去做，肯定也會一無所獲；

如果你是一個企業家，整天坐在辦公室裡訂計畫，擬方案，而不去實施，那你的宏偉目標也只能成為海市蜃樓。

成功永遠屬於那些馬上行動的人。當然，有了一個好的想法，並且及時採取行動，不一定能帶來令人滿意的結果，但不採取行動就絕無滿意的結果可言。只有行動才會產生結果。採取了行動，才有成功的可能。

不願行動的人，如果不能改變現況，十年、二十年甚至更久之後，他將慢慢老去，最終也只能是一個平庸的人。我們一旦確立好人生目標，第一件事就是要立即行動，並付諸實踐。站著說話不腰疼，胡思亂想不費神，說得好、想得好，都不算好，把事情做得好才是真的好。也許我們有很多解決問題的辦法，心中也勾勒出了美麗的藍圖，但也仍然要去行動。一個馬上行動的人，才能真正地親手把屬於自己的那幅畫催生出來。

# 沒有永遠的失敗

沒有人的一生能夠一帆風順，總有摔跤、跌倒的時候，這就是打擊，是一種鞭策。不管你是以什麼樣的形式跌倒，不管你跌得怎樣，一定要記住：跌倒了，一定要爬起來！

有的人總是在慨歎：為什麼跌倒的總是我？其實，在人生的道路上，本就沒有從起點到終點的高速公路，泥濘的小路總會穿插其間，越過了這些泥濘的小路，才會成功。

一個能夠取得成功的人，不會永遠陷入泥濘之中。世界上也沒有永遠的失敗，只有暫時的不成功。失敗與成功乍看是對立的，似乎處於天平的兩端，其實二者的轉換只在瞬息之間。

失敗也是一所最好的學校，在這裡，我們可以學會獨立思考，學會抉擇，學會很多我們以前不懂的課程，為的就是能儘快從這所學校畢業。

在遭遇失敗時，我們不妨對自己說：「失敗只是暫時的。」能經得起成功，更經得起失敗的人，才是真正的成功者。只要比別人多一點自信、多一點努力、多一點堅持，你也一樣能獲得成功。

楊潔是一家公司的高級主管，公司給的待遇優厚，長期以來，她只需要為假期能去什麼地方遊玩而煩惱。直到一天，情況突然變得糟糕起來。公司開始透過裁員來縮減開支，而他的名字赫然地印在裁員名單上。那一年，她四十歲。

「記得還在學校的時候，我的表現一直都很不錯。」她向朋友說道，「但也沒有哪一項特別突出。後來，我開始從事市場銷售。在二十八歲的時候，我加入了那家大公司，擔任高級主管。」

「我以為一切都會很好，但在我四十歲的時候，我居然失業了，就像有人給了我一個耳光，這太讓人無法忍受了。」楊潔似乎回到了以前那段令人心酸的日子，語氣也沉重了許多。

在失業的那段時間裡，楊潔無法接受事實。每天，她都躲在家裡，不敢出門。每當她看到別人在忙碌，看到身邊的朋友一個個走向成功時，她都會覺得自己沒用，脾氣也越來越大，孩子們也越來越怕她，情況似乎越來越糟糕。

就在這個時候，轉機出現了。一個月後，一個出版業的朋友詢問她，如何向化妝業出售廣告。這是楊潔擅長的領域，她似乎又重新找到了自己的方向：為很多的公司提供建議、出謀劃策。

三年後，楊潔已經擁有自己的諮詢公司，她不再是一個打工者，而是成為一個老闆，收入自然也比以前的工作多很多。

「被裁員，是一件能讓人感到絕望的事情，但那絕對不是無底洞，並不意味著永遠的失敗。也許這還可能是一個改變命運的機會。例如現在的我，就找到了成功的契機。失敗並不可怕，其實重要的是如何看待失敗的問題。」楊潔總結道。

沒有人能夠永遠成功，也沒有人會永遠失敗。當我們身陷困境的時候，只要不放棄，相信每一次挫折後都能堅強地站起來，勇敢地為成功努力，就一定能走向成功。失敗只是暫時的，沒有永遠達不到的成功。想成功，就要學會屢敗屢戰，愈挫愈勇。

我們相信，過去不等於未來，眼下的所謂失敗並不會是人生的句號，何去何從，向來都是掌握在我們自己的手中。每一個成功的人都曾經失敗過，別人可以成功，我們當然也能，別人能做到的，我們也能做到。

在困難面前，我們不要有猶豫不決的念頭，要問自己的是「要不要越過」。只要自己想要，就一定能夠找到方法並且越過去。當我們對成功缺乏自信的時候，失敗便自然而然成了前進路上的常客。

其實，一時的失敗，也是人生旅途中難免的歷程。一旦認為失敗是人生旅程中的一部分，就不會有永久的失敗，只不過是暫時停止成功的一段過程。一個人看到蝴蝶正奮力地從繭子中掙脫出來，由於繭子的口太小，牠努力了很久還是進展甚微。這個人以為蝴蝶被卡住了，就拿剪刀把口弄大了一點。蝴蝶終於破繭而出，但是牠的翅膀又乾又小，軀體也是乾癟的。

從生物學來解釋，蝴蝶從繭中破殼而出的時候，身體會分泌液體，使翅膀豐滿，如果沒有這個過程，它就不會飛。所以破繭而出的過程，正是蝴蝶成功的自然歷程，省略了其中任一部份，都會影響到成果。

麥當勞創始人克羅克於五十二歲創業，之後也經歷過多次失敗。他說：「當錯誤發生時，令人莫名痛苦；但逐年累月之後，這些錯誤便被我們稱之為『經驗』。」只要能夠努力不懈，就算下一次還會失敗，也不必計較，總有一天成功會來敲你的大門。

有些人把他們成功道路上遇到的障礙視為敵人，在面臨失敗的時候就陷入絕望。實際上，這些障礙不正是讓我們變得更加堅強和勇敢的朋友和助手嗎？每一次失敗，每一次奮鬥，都能磨練我們的意志、提高我們的勇氣、考驗我們的忍耐力、增強我們的自信心。所以，每一個障礙，對我們來說都是一個考驗，都能夠促使我們成功。無法衝破障礙，就只有接受失敗。

成功本來就是一個「錯了繼續嘗試」的過程，失敗的教訓和成功的經驗一樣可貴，當我們取得成功的時候，那些教訓就是經驗。成功者之所以成功，正在於他們會把失敗當做墊腳石。成功在於不斷地嘗試，敢於把失敗當墊腳石的人，不會永遠停留在失敗上，這樣人才會緊緊握住成功的手。

# 堅持不懈，方能成功

每一條通往成功的路上都充滿了未知，也許人們會想到在這條路上佈滿了多少荊棘，有著多少坎坷，只是，他們沒有想到，要從這條路上通過會是那麼困難，那麼的讓人無法忍受。於是，很多人為了摒除眼前的痛苦，享受片刻的安寧，便選擇了放棄。有的人是在半路上放棄，有的人則正處於距離成功最近的地方，無論走到哪兒，他們都確確實實地放棄了，以至於最終無法與成功對話。

有人說：堅持是影響人生最重要的一項因素，它的作用遠遠超過個人的才華、天賦。許多人之所以未能成功，就是因為在差一點就能到達目標的時候放棄。看看那些成功的人，他們無一不擁有超人的毅力。

在著名推銷大師湯姆・霍普金斯看來，成功的祕訣就是：每當遇到挫折時，心中只有一個信念，那就是堅持到底。成功者決不放棄，放棄者無法成功。湯姆・霍普金斯堅信自己是一頭獅子，而不是頭羔羊。在他的字典裡從來沒有「放棄」、「辦不到」、「行不通」、

「沒希望」等字眼。

老傑克是一家大公司的董事長，他從小沒受過什麼教育，但他憑著自己的一股不服輸的韌勁，取得了令人讚歎的成績。

三十一歲那年，他發明了一種新型節能燈，為了獲得資金支援，順利打入市場，不得不找投資商。他好不容易說服了一位銀行家，卻又遭人暗算。

市場競爭是殘酷的，有些燈具商得知傑克將要把這個新型節能燈投入市場的消息後，為了避免自己的產品銷路受到影響，便在暗中千方百計阻礙傑克。

這已經讓人頭疼了，不過還不是最糟的，就在傑克要與銀行家簽約的時候，突然得了膽囊病，住進了醫院，大夫說必須動手術，不然就有生命危險。那些阻撓傑克的燈具廠老闆得知這個消息後，就在報紙上大造輿論，說傑克得的是絕症，想騙取銀行的錢來治病。

銀行家得知這個謠言後，開始猶豫了。在此同時，其他機構也正加緊研發這種節能燈，一旦他們率先佔領市場，傑克以前的努力便將付諸流水。

為了打消銀行家的疑慮，獲得他的支持，傑克決定鋌而走險，先不動手術，仍如期與那位銀行家見面。見面前，他讓大夫給自己打了鎮痛藥。傑克忍住疼痛，表現得和健康人一樣，和銀行家拍肩握手，談笑風生。當藥效過去時，疼痛讓傑克覺得像刀割肚子一般。但他知道只有堅持才會有希望，成功與失敗就在能不能挺住這一會兒。於是他咬緊牙關，繼續和銀行家周旋。傑克完全取得了銀行家的信任，最後順利簽了約。後來據醫生說，當時傑克的膽囊已經積膿，相當危險！但傑克就是靠著這種堅持的精神，一步步邁向了成功。

當我們正面臨著困難甚至失敗的時候，務必堅持到底，沒人是為了失敗才來到這個世界的，更不會有「命中註定失敗」這樣的無稽之談。我們在選擇道路的時候，什麼路都可以選擇，就是不能選擇「放棄」這條路。

想要成功，就需要靠自己去堅持，去承受，並在最困難的時候勇敢地跨過去。一生之中，挫折總是難以避免的，不過每經歷一次挫折，我們對生活的認識會更全面一點。每失敗一次，我們對成功的覺悟會提高一階。因此身處黑暗的逆境，便能讓我們更容易找到自己的價值，發掘自己的潛能。當逆境出現，我們反而更要堅持自己繼續走下去。因為逆境是賦予我們尋找自我價值的大好機會，在黑暗中我們更能爆發潛力，衝破重圍。

沒有絕對的光明，也沒有絕對的黑暗，許多置身於黑暗的人，雖然行走時跌跌撞撞，歷經了各種磨難，但最終走向了成功。但也有另一些人往往被眼前的光明迷失了前進的方向，在眼下的一些微不足道的收穫之前停下了腳步，最終與成功擦身而過。

每個人都會遇到挫折和困難，它們足以摧毀我們的自信，讓我們迷失在前進的道路上，但只要希望不滅，我們就會信念永存，只要堅持不懈，我們就會走出困境。困境能夠磨練人的意志，更能磨練我們對成功的無限渴望。所以困境就像黑暗，雖然不太討人喜歡，但又是一個逆轉的機會，困境中的人比一帆風順的人更容易邁向成功，更容易聽到成功的呼喚。正如一個行走在黑暗中的人，更容易感受到微弱的亮光。

聰明的人並非都能成功，成功的人也並不特別聰明。但可以肯定的是，成功的人一定比別人更有膽量和毅力。強者成功地開發了自己的毅力並有效地經營成功，弱者被自己的不堅持而打敗。使人走向成功的因素很多，只是很多人被道路上的障礙嚇到，而不敢前進。

如果我們被黑暗蒙蔽了雙眼，失去了信念，放棄了自己的希望，我們將永遠逃不出黑暗的魔爪。無論處境如何惡劣，只要我們專注於尋找出路，並相信自己必可跳出這個困局，就會摸索到機會，在黑暗中也能發揮自己的特長，激勵自己的熱情，開掘自己的潛能，把危機化為轉機。

當我們為自己訂立明確的目標後，就要付諸行動並堅持下去，只有持之以恆才能夠有希望靠近成功的彼岸，風雨之後才能看欣賞到絢麗的彩虹。

# 將自己的強項發揮到極致

每個人都有優勢和弱勢，我們在看待別人和自己的時候，不能只把眼光停留在他們的優點和自身的缺點，而是應該多多觀察自己有優勢的一面。要想成功，就要不斷發揮自己的強項，經營自己的長處，為自己的人生增值，不能一無是處。

成功就是不斷發揮優勢，失敗是缺點的集合體。縱觀那些已經取得成功的人，他們無不有著出色的強項，並把自己的強項發揮到極致，從而成為受人敬仰的人物。我們在做人做事的時候，也要善於培養、強化，及發揮自己的優勢，這是取得成功的重要智慧。

資料顯示，有百分之二十八的人正是因為找到了自己最擅長的職業，才徹底地掌握了自己的命運，並把自己的優勢發揮到淋漓盡致的程度。這些人都自然跨越了弱者的門檻，而邁進了成功者之列。相反，有百分之七十二的人正是因為不知道自己適合的工作，而總是彆彆扭扭地做著不擅長的事，因而總是無法在競爭中引起別人的注意，更談不上成就一番事業了。實際上世界上大多數人都是平凡人，但大多數平凡人都希望自己成為成大事者，使夢想成為真，才華獲得賞識，能力獲得肯定，擁有名譽、地位、財富。只是真正能做到的人，似乎永遠都總是少數。

某單位的海外市場部有兩個年輕人，一個是英語翻譯，一位是韓語翻譯。論實力，兩人不相上下，在主管和同事的眼中，兩人都會是今後市場部經理的候選人，對此，兩人心裡也很清楚，表面上雖沒什麼動靜，卻在工作上暗暗較勁，你追我趕，每年都能出色地完成任務。

該單位原先有韓商投資，因此單位管理層經常需要和韓國人打交道，這也讓韓語翻譯有更多在公開場合露面的機會。一時間，他在單位裡凝聚了不少人氣。

如此一來，英語翻譯可坐不住了。他想「再這樣下去，自己恐怕要被大家遺忘了。」於是，他決定憑著大學時選修過韓語的基礎，暗暗學習韓語，準備給對方一個措手不及。

幾年的時間一晃就過去了，他終於擁有了一張韓語等級證書。他開始嘗試著與韓商進行對話，也從事一些有關韓文的翻譯工作。這下子，他掌握了兩門外語，同事們對他十分佩服，他自己也有一種成就感。

就在他開始得意的時候，他在翻譯英國商人的貿易合同時，因一個關鍵字翻譯不夠精準，給公司造成了二十萬美元的損失，雖然事後公司通過談判，挽回了部分損失，但公司董事長為此十分惱怒。

這下，他終於醒悟過來，這些年忙著去學韓語，忽略了對英語詞彙的溫習，於是無可避免地發生了錯誤。

現在的他，在自己的英文專業領域上敗下陣來，而且他的韓語即使從現在起再苦學幾年，也無法達到對手的水準，他真是後悔莫及。

其實，人的一生並不需要什麼都擁有，你只要擁有其中的一項，比如一種拿手的技能，然後深入地挖掘它，做到精益求精，在這個領域內有所建樹，它就能讓你一生受用不盡。

我們每個人都渴望獲得成功，然而成功的路卻常常不同，成功往往不在於是否具備多樣化能力，而在於他們找到了自己的強項，並發揮了強項，這就是成功者的一般規律。我們每個人都像一根長短相同的槓杆，能否走上成功之路，關鍵在於能否找到那個最合適的支點。這個支點，就是自己的優勢，也是我們安身立命、建功立業的基礎。

「尺有所短，寸有所長。」可見每個人最大的成長空間在於其最強的優勢領域，多花點時間把自己的優勢發揮到極致，而不是花很多時間去彌補劣勢。彌補劣勢，雖然有時確有其必要，但這件事只能讓我們避免失敗，而不能讓我們出類拔萃。有人說：「垃圾是放錯了地方的寶貝。」現在很多人每天花很多時間學習創造，但是卻不知道自己的優勢在哪裡。每個人都有自己天生的優勢和局限。知人者智，自知者明。一個人必須擁有自己的核心優勢，必須知道自己的價值在哪裡，才能在任何的環境中生存下去。

在用人大師的眼裡，沒有廢人，因為人無完人，但是每個人都有自己的優勢，只要將這優勢充分發揮出來，距離成功就又近了一步。可惜的是，有些人非要在自己的缺點上鑽牛角尖，把所有的力氣都放在缺點上，那樣的人生是在自我毀滅。

世界知名的心理學家克利夫頓說：「要判斷一個人是否成功，最重要是看他是否最大限度地發揮了自己的優勢。」相關研究的結果發現，人類有四百多種優勢，這些優勢的數量並不重要，最重要的是應該知道自己的優勢是什麼。成功的人所以能取得成功，並不是因為他每天都把精力和時間用在彌補自己的不足與缺點上，而在於讓自己的優勢得到充分發揮，揚長避短，這樣才能取得成功。

# 善借他人之智

在大多數情況下，一個人想要取得成功，靠自己單打獨鬥是不太可能的。必須依靠合作者的幫助，借助他們的力量實現自己的目標。與你合作的人越多，你能借助的力量就越大，就越有取得成功的可能。有了他們的出手相助，就像往火中添柴薪，越燒越旺。

成功者所以能取得成功，是因為他們具備了獲得成功的條件。除去環境、機遇和個人能力等因素，處理好人際關係，特別是學會與人合作，也是一個相當重要環節。赤手空拳打天下、白手起家是不存在的，也是不合乎現實的。每個人都可以是你的合作對象，合作的範圍越廣，合作的境界越高，生存的空間越大，獲取的能量就越大。

一個好漢三個幫，紅花也要綠葉扶，想在今天的社會取得成功，就需要我們善於合作，並且能與不同的人合作。

一個小男孩在沙灘上玩耍。身邊有他的一些玩具——小汽車、貨車、塑膠水桶和一把亮閃閃的塑膠鏟子。他在鬆軟的沙堆上修築公路和隧道時，發現一塊很大的岩石擋住了去路。

小男孩開始挖掘岩石周圍的沙子，企圖把它從泥沙中弄出去。這塊岩石相當巨大。他手腳並用，使盡了力氣，岩石卻紋風不動。小男孩手推、腳蹬、左搖右晃，一次又一次地向岩石發動攻勢。每次才剛把岩石搬動一點點，岩石便又在他稍微放鬆時重新返回原地。

小男孩氣壞了，他使出吃奶的力氣猛推猛擠。但是，他得到的唯一回報便是岩石滾回來時擠傷了他的手指。最後，他筋疲力盡，坐在沙灘上傷心地哭了起來。

這整個過程，小男孩的父親在不遠處看得一清二楚。當淚珠滾過孩子的臉龐時，父親來到了他的跟前。

父親的話溫和而堅定：「兒子，你為什麼不用上所有的力量呢？」

男孩哭著說：「爸爸，我已經用盡全力了！」

「不對」父親堅定地糾正道，「兒子，你並沒有用盡所有的力量。你沒有請求我的幫助。」說完，父親彎下腰，抱起岩石，將岩石扔到了遠處。

很多時候，我們所面臨的問題無非就像這樣。當我們無力去完成一件事時，不妨向身邊的強者求助，也許對我們來說十分費力還辦不了的事情，對他們來說，卻可能是不費吹灰之力就能輕鬆完成。與其自己苦苦追尋而不得，不如將視線一轉，呼喚你身邊的強者。

一個人的能力是相當有限的，沒有誰一手能做完所有的事。要想開創一番事業，必須靠更多的人組成一個團隊、一個群體。只有與人合作，才能把工作做好。也許你選擇的合作對象清高、孤僻、個性太強，這些有可能都是性格上的缺點，然而問題是，他們恰恰能夠彌補你自身的不足，你的弱勢正是他們的強勢。所以，當我們需要做出抉擇的時候，首先要考慮的是對方對自己前途的影響，而不是他們缺點與不足。

我們應清楚認知到，沒有人是十全十美的。當你在責備別人的時候，可曾想到別人也可以這樣責備你。如果你自己是完美的，也就不需要與他人合作。在闖蕩事業時，人盡其才、人盡其用才是最重要的。

美國的約伯和沃茲是「蘋果 II」微電腦的開發者，他們的重要合作者是馬克庫拉。其實，最初光顧約伯和沃滋兩位年輕人的並不是馬克庫拉，而是約伯的老闆介紹來的唐・瓦爾丁。

當唐・瓦爾丁來到約伯的家中，看見約伯穿著牛仔褲，腳上的鞋子鬆散未綁鞋帶，留著披肩長髮，蓄著胡志明式的大鬍子，不管怎麼看都不像是一位企業家。於是，唐・瓦爾丁覺得不是很妥當，因為約伯和沃滋的外表將這位先生給嚇壞了，他終於沒有敢問津這兩位奇怪的年輕人的事業，而是把約伯和沃滋介紹給了另一位風險投資家馬克庫拉先生。

馬克庫拉原為英特爾公司的市場部經理，對微電腦十分精通，他先考察了約伯和沃滋的「蘋果II」樣機，最後，馬克庫拉問起了關於「蘋果II」電腦的商業計畫，但因為約伯和沃滋對商業買賣一竅不通，兩人竟然面面相覷，說不出任何話來。

但是馬克庫拉並沒有因此失望，而是決定和這兩位年輕人合作，並出任董事長。

唐・瓦爾丁，一個因為和一個偉大的公司、偉大的創業者擦肩而過而被人們熟知的人，他很可能是一個很好的人，但就是因為被約伯和沃滋的外表嚇壞了，而喪失了有可能是他一生中最重要的一次機會。而馬克庫拉卻與他相反，沒有對約伯和沃滋的外表加以苛責，而是與他們進行了深度的合作，所以成功了。心胸寬闊的他，抓住了人生中一次最重要的投資機會。

在人生的道路上，我們可能會遇到各式各樣的人物，有許多人肯定和我們不是同一類人，無論是志趣還是性格都與我們不合，甚至與我們格格不入，但這些都不重要，重要的是他對幫助我們鋪平成功之路能否發揮作用。

一個人單打獨鬥，能發揮的力量總是有限的，不可能做好事業上所有的事情，所以合作是必要的，也是必需的。尤其在這個社會分工越來越細密的社上會，合作幾乎是唯一可行的工作方式。企圖拒絕合作而獨立行事，幾乎就是妄想。我們要善於借助他人的力量，一點點地清除人生路上的障礙。

要成功就要借助他人的力量，而不是自己一個人艱苦奮鬥，不要再幻想自己有三頭六臂、七十二變，一個人單槍匹馬獨闖天下的時代早已經過去。伸出你的合作之手！調動一切可以調動的資源，這正是我們解決困難、邁向成功的最佳方式。

國家圖書館出版品預行編目資料

你的善良，不該被錯的人利用 / 宋師道編著．——初版——
新北市：晶冠，2019.03
面；公分．——（智慧菁典系列：13）

ISBN 978-986-97438-0-8（平裝）

1. 人生哲學 2. 生活指導

191.9 108001657

智慧菁典 13

# 你的善良，不該被錯的人利用

作　　者 宋師道
副總編輯 林美玲
特約編輯 李美麗
封面設計 王心怡
出版發行 晶冠出版有限公司
電　　話 02-7731-5558
傳　　真 02-2245-1479
E-mail ace.reading@gmail.com
部 落 格 http://acereading.pixnet.net/blog
總 代 理 旭昇圖書有限公司
電　　話 02-2245-1480（代表號）
傳　　真 02-2245-1479
郵政劃撥 12935041 旭昇圖書有限公司
地　　址 新北市中和區中山路二段352號2樓
E-mail s1686688@ms31.hinet.net
旭昇悅讀網 http://ubooks.tw/
印　　製 福霖印刷有限公司
定　　價 新台幣299元
出版日期 2019年04月 初版一刷
ISBN-13 978-986-97438-0-80